Alexandra Krause

Kommt, macht einfach mit!

Selbstbewusstsein und Konzentration
durch Rhythmik und Musik

Alexandra Krause

Kommt, macht einfach mit!

Selbstbewusstsein und Konzentration
durch Rhythmik und Musik

FREIBURG · BASEL · WIEN

Der Einfachheit halber wird in diesem Buch immer die Bezeichnung „Spielleiterin" für die anleitende Fachkraft verwendet.
Die männlichen Kollegen mögen sich bitte genauso angesprochen fühlen.

Anmerkung des Verlags:
Bei einigen Texten war es trotz gründlicher Recherchen nicht möglich, die Inhaber der Rechte ausfindig zu machen.
Honoraransprüche bleiben bestehen.

© Verlag Herder Freiburg im Breisgau 2008
Alle Rechte vorbehalten
www.herder.de

Umschlaggestaltung und -konzeption:
R·M·E München / Roland Eschelbeck, Rosemarie Kreuzer
Umschlagfoto: Hartmut W. Schmidt, Freiburg
Illustrationen: Yo Rühmer, Frankfurt
Lektorat: Pia Haferkorn, Freiburg

Satz: fgb · freiburger grafische betriebe
www.fgb.de
Herstellung: L.E.G.O. Olivotto S.p.a.

Gedruckt auf umweltfreundlichem, chlorfrei gebleichtem Papier
Printed in Italy
ISBN 978-3-451-32167-2

Inhalt

Vorwort

Was mich bewegt hat dieses Buch zu schreiben, sind die wunderschönen Erfahrungen die ich mit der Rhythmik und »meinen« vielen Kindern gemacht habe. Es ist mir ein großes Anliegen, viele Kolleginnen und Kollegen an diesem Schatz teilhaben zu lassen.

Vor vielen Jahren besuchte ich meine ersten Rhythmikfortbildungen. Mit meiner Kollegin Ute Beckmann habe ich kurz darauf unsere erste Rhythmikgruppe »Die Flotten Bienen« gegründet. Es war der Beginn einer großen Leidenschaft. Die ersten Gruppen liefen noch nach Plan ab – Einheiten wurden aus Büchern zusammengestellt und durchgeführt. Mit der Zeit entwickelten sich viele eigene Ideen und Konzepte, die jede Rhythmikstunde mit Hilfe der Kinder anders aussehen ließen.
Eine Zusatzausbildung zur Musik- und Rhythmikerziehung setzte in mir weitere Ideen und Kräfte frei, brachte neue Impulse und auch eine gewisse Professionalität in die Arbeit.
Es wurde mir immer wichtiger, Rhythmikstunden auf die Bedürfnisse der Kinder auszurichten. Meine Erfahrungen haben gezeigt, dass beispielsweise Kinder mit Migrationshintergrund, mit Sprachproblemen und/oder geringem Selbstwertgefühl durch ganzheitliches Erleben von Musik und Rhythmik größte Fortschritte erzielen.
Die Stillen kommen aus ihrem Schneckenhaus und die Forschen, manchmal Rücksichtslosen, lernen sich zurückzunehmen. Auf unserer gemeinsamen »Reise mit allen Sinnen« lernen wir voneinander und miteinander.
Das Thema der Abschlussarbeit meiner Rhythmikausbildung lautete »Förderung der sozialen Kompetenzen durch die Methode der Rhythmik«. 10 Kinder waren in meiner Projektgruppe – Kinder, die sich sprachlich nicht so gut ausdrücken konnten oder wollten, Kinder, die sehr zurückhaltend waren, Kinder, die sehr bewegungsaktiv waren, Kinder, die sehr viel Aufmerksamkeit forderten. Im Laufe des Projekts konnte ich beobachten,

wie Selbstbewusstsein, Konzentrationsfähigkeit und Kreativität der Kinder sich positiv entwickelten. Mit Freude und Begeisterung entdeckten und erlebten diese Kinder unsere rhythmisch-musikalischen Aktivitäten als Übungsfeld für vielfältige Wahrnehmungs- und Ausdrucksmöglichkeiten. Erfahrungen dieser Art stellen eine wichtige Grundlage für die Entwicklung sozialer Kompetenzen dar.

Nach Abschluss meines Projekts sind mir zwei Kinder besonders im Gedächtnis geblieben: Adrian, ein sehr stiller, zurückhaltender Junge, der unheimlich viel musikalische Kompetenz in sich trägt. Er hat gelernt, seine Stärken zu zeigen, er singt jetzt laut mit, er tanzt, auch wenn alle zugucken. Er wurde ermutigt durch das fröhliche Spielen und Ausprobieren der anderen Kinder. Und Jill, ein quirliges Mädchen, immer die »Chefin im Ring«, die sich oft nur schwer konzentrieren kann. In unseren Rhythmikstunden war sie oft wie gebannt vom Thema – niemand hat so hingebungsvoll mitgemacht wie sie. Sie konnte warten, bis sie an der Reihe war und ermutigte Kinder wie Adrian, mitzumachen. Etwas von Jills Freude und Adrians Begeisterung möchte ich mit diesem Buch weitergeben.

Alexandra Krause

Mit Rhythmik und Musik
soziale Kompetenzen fördern

Soziale Verhaltensweisen, die wir gerne als selbstverständlich ansehen, müssen heute im pädagogischen Alltag oft erst einmal angelegt werden. Umgangsformen, Solidarität, Hilfsbereitschaft und Rücksichtnahme, aber auch die Bereitschaft mitzudenken, mitzugestalten und sich einzubringen, entwickeln sich nicht einfach von allein, sondern müssen immer wieder angesprochen und im Tun erprobt werden. Die Methode der Rhythmik mit ihrem ganzheitlichen Ansatz bietet vielfältige, kindgerechte Möglichkeiten für soziales Lernen. Durch

Durch Rhythmik lernen Kinder, sich auf sich selbst und auf andere einzulassen.

das gemeinsame Musizieren, Improvisieren, Gestalten und Tanzen entwickeln die Kinder die Fähigkeit, sich aufeinander einzulassen, einander zuzuhören und abzuwarten. Sie werden ermutigt, sich in die Gruppe einzubringen und eigene Ideen mitzuteilen.

In Partnerspielen sind die Kinder auf das gegenseitige Führen und Folgen angewiesen. Sie erfahren, dass sowohl das »Sich-einander-Anpassen« als auch das Ergreifen von Initiativen und die Durchsetzung des eigenen Anliegens für das Gelingen des gemeinsamen Tuns wichtig sind. Neben den kooperativen Aspekten erlebt das einzelne Kind immer wieder eine Stärkung des Selbstwertgefühls dadurch, dass es neue Aufgaben mit Hilfe der eigenen Kreativität bewältigen kann.

Die Musik ist als zentrales Element der Rhythmik für die Förderung sozialer Kompetenzen von großer Bedeutung. Sie wirkt als Kontaktmedium – »der Umgang mit ihr ›öffnet‹ den Menschen zum Mitmenschen«. Schon allein aufgrund dieser sozialisierenden Wirkung gilt es, sie zu fördern und den Kindern nahezubringen.

So das Fazit von Hans Günther Bastian (2001), aus dessen Langzeitstudie über die Wirkung von Musik auf die Entwicklung von Kindern hervorgeht, dass in Klassen, die miteinander musizieren, deutlich weniger Kinder abgelehnt werden, als in nicht musizierenden Grundschulklassen (dort wurden doppelt soviel geäußerte Antipathien dokumentiert). Bastian stellt fest, dass Musik »das Miteinanderschaffen, das Voneinanderlernen, das Aufeinanderzugehen und das Füreinanderdasein fördert« und ein »nicht zu unterschätzendes Sozialpotential in sich birgt« (ebd.).

Insbesondere das Spiel mit Rhythmen in einer Gruppe erfordert und erweitert soziale Fähigkeiten. Über das musikalische Geschehen werden Kommunikation und Interaktion gefördert und die soziale Verbundenheit gestärkt. Rhythmisches Spiel fordert dazu auf, einen bestimmten Platz einzunehmen (z. B. die Trommel langsam zu spielen), spezielle Aufgaben und Verantwortung zu übernehmen (z. B. dirigieren, führen), sich einzugliedern, Möglichkeiten der Einflussnahme und Unterstützung zu erkennen und diese eigenständig auszuwählen.

Soziale Regeln und Bedingungen von Kommunikation können im gemeinsamen Musizieren vermittelt und geübt werden. Insbesondere Partner- und Gruppenimprovisationen bieten Gelegenheit – im übertragenen Sinne – einander ausreden zu lassen, nicht durcheinander zu reden, auch die Leisen zu Wort kommen zu lassen, zuhören zu können usw.

Die nonverbalen Signale der Kommunikation – Mimik, Gestik, Körperhaltung, Blick- und Körperkontakt – stehen als sensomotorische Qualitäten in engem Bezug zur Rhythmik. Hier besteht die Möglichkeit für stillere Kinder und jene, die sich sprachlich nicht so gut ausdrücken können, ihr Anliegen auf ihre Weise darzubringen. Dadurch wird das Selbstwertgefühl gestärkt. Die Kinder erfahren, dass es wertvoll sein kann, auf vermeintlich Schwächere zu warten, dass ihr Beitrag von Bedeutung für das gemeinsame Spiel ist. Stillere Kinder haben in der Rhythmik – das steht außer Frage – weitaus größere Möglichkeiten ihre Kreativität und ihr Potential einzubringen, als in vielen anderen Bereichen.

Kompetenzen, die Kinder durch Rhythmik erlangen können

- **Selbstvertrauen, Selbstsicherheit und Selbstständigkeit entwickeln:**
  sich an einer Aktivität beteiligen, sich als Teil der Gruppe begreifen, sich angenommen fühlen, …
- **Entscheidungen treffen:**
  Instrumente auswählen, eigene Tanzbewegungen improvisieren, sich einbringen oder abwarten, …
- **Kontakt aufnehmen:**
  gemeinsam spielen, verbal und nonverbal kommunizieren, …
- **Den anderen beachten, sich einfühlen und anpassen können:**
  Ideen anderer aufmerksam beobachten, warten, folgen, …
- **Einander helfen, zusammenarbeiten:**
  Rhythmik als Form des kooperativen Spiels erfahren, auch die Stilleren kommen zu Wort und werden von anderen unterstützt.
- **Konflikte austragen lernen:**
  Sich einigen, wer an der Reihe ist, wessen Idee umgesetzt wird usw.

Die Elemente der Rhythmik

Die Rhythmik bedient sich vier grundsätzlicher Mittel, diese sind:

- die Bewegung
- die Musik
- die Sprache
- das Material

Diese Elemente der Rhythmik bilden den roten Faden in jeder Rhythmikstunde – mindestens zwei von ihnen sind immer beteiligt, meist ist es eine Verknüpfung und Kombination aus ihnen.
Das kontinuierliche Arbeiten mit gleichen, immer wiederkehrenden Aspekten bietet den Kindern Sicherheit und ermutigt sie, sich auf Neues einzulas-

sen. Insbesondere introvertierte Kinder finden an den wiederkehrenden Elementen einen Halt, der es ihnen erleichtert, sich der künstlerisch-pädagogischen Arbeitsweise der Rhythmik zu öffnen.

Bewegung

Die rhythmische Erziehung greift das Bewegungsbedürfnis jedes Kindes auf. Weil die Übungen der Rhythmik immer auch einen spielerischen Charakter haben, können sich die Kinder leicht auf sie einlassen. Bewegung spielt beim sozialen Lernen eine wichtige Rolle, sowohl die isolierte Bewegung (das Kind probiert selbstständig Bewegungen aus und darf seiner Phantasie freien Lauf lassen), als auch die in der Gemeinschaft. Die Urform des gemeinsamen Sich-Bewegens ist der Tanz – hier geben wir unserem Zusammengehörigkeitsgefühl Ausdruck, wir stellen miteinander etwas dar. Bewegung kann in der Rhythmik also als Individuum und als Teil der Gruppe erlebt werden. Dies ist eine Möglichkeit, die wir nutzen sollten.

Kinder nehmen in der Rhythmik ihre Bewegungen bewusst war – als Individuum und als Teil der Gruppe.

Die Aufgabenstellungen in der Rhythmik regen Kinder dazu an, Neues auszuprobieren, kreativ zu werden und mit anderen in Kontakt zu treten. Sie erfahren neue Lösungsmöglichkeiten und lernen dadurch ihre eigen Fähigkeiten und Fertigkeiten besser kennen.

Bei den im Buch vorgestellten Rhythmikgeschichten sind Bewegungsformen in Musik eingebunden, evtl. wird auch Material mit einbezogen. In der Geschichte »Von der Raupe zum Schmetterling« stellen die Kinder eine Raupe dar, die in ihrem Kokon wächst. Dabei sind sie ganz bei sich und drehen und wenden ihren Körper. Alle Kinder tun dies in diesem Moment, keines muss sich dabei »komisch« vorkommen. Jeder kann seinen Körper entdecken, seine Fähigkeiten ausprobieren. Schließlich wird die Raupe zu einem schönen Schmetterling, die Bewegungsformen werden größer und die Kinder bewegen sich frei im Raum. Einige bemerken vielleicht, dass andere auf sie schauen, einige trauen sich selbst nicht so recht und beobachten noch. All das ist erlaubt und wird von der Spielleitung unterstützt und ermutigt. Schließlich ist es soweit: Alle tanzen gemeinsam einen Schmetterlingstanz und die Kinder treten in sozialen Kontakt miteinander.

Auch beim »Spaziergang im Herbstwald« erleben die Kinder die Geschichte mit dem ganzen Körper – so fällt es ihnen leicht, sie anschließend auf die Trommel zu übertragen. Die Kinder haben unweigerlich ein Erfolgserlebnis, denn es hört sich gut an, wenn sie das eben Erlebte auf Musik übertragen. Nach dieser Erfahrung trauen sie sich viel eher, musikalisch kreativ zu sein.

Generell ist es in der rhythmischen Erziehung so, dass in jeder Einheit verschiedene Mittel eingesetzt werden, sodass die Ganzheitlichkeit der Übungen gewährleistet ist. Die Kinder haben die Möglichkeit, etwas auf unterschiedliche Weise zu erleben und dabei auch ihre Stärken und Schwächen zu erkennen. Sie können in der Rhythmik selbst bestimmen und mitbestimmen. Dies ist ein wichtiger Aspekt sozialen Lernens. Manchmal gilt es, einen eigenen Platz einzunehmen, ein anderes Mal aber, sich zurückzunehmen.

Zu dem klassischen Musikstück »La Primavera« sollen die Kinder ihre erprobten Bewegungen in einen gemeinsamen Tanz umwandeln. Durch die Musik sind die Bewegungsformen in gewisser Weise vorgegeben – das heißt, die Kinder müssen sich auf eine Struktur einlassen und ihr folgen. Aber auch die Möglichkeit zur Mitbestimmung ist gegeben: Die Kinder treten mit anderen in Kontakt und verständigen sich, um ein möglichst einheitliches Gesamtbild zu erreichen.

Weil die Kinder Bewegung in einer wertfreien Umgebung erleben, sich auf ihre eigenen Bewegungen und auf die der Gruppe einlassen dürfen, lernen sie sich selbst und andere besser kennen. Das macht es ihnen leichter, Kontakt aufzunehmen und sich selbst zu akzeptieren.

Ich verwende in meinem Rhythmikstunden oft Musik, die den Kindern nicht so vertraut oder bekannt ist, z. B. afrikanische oder klassische Stücke. Kinder, die zu moderner Musik vielleicht oft tanzen und sich dabei sicher fühlen, stehen hier genauso vor neuen Erfahrungen wie die anderen. So können wir gemeinsam und unvoreingenommen verschiedenste Bewegungsformen ausprobieren.

Element Bewegung: Lernziele und Erfahrungsmöglichkeiten

- **Förderung der Grob- und Feinmotorik:**
  Grundbewegungsarten erlernen (gehen, laufen, galoppieren, schreiten, hüpfen); Umgang mit Materialien
- **Förderung der Kreativität:**
  Tänze und Bewegungsformen selbst erleben, ausprobieren und weiterentwickeln; Erweiterung von Erlebnisfähigkeit und Vorstellungskraft
- **Den Körper erleben:**
  Körpererfahrung, Körperbewusstsein; Bewegung in Beziehung setzen zum Raum, zu einem Partner, zu Material, zur Musik
- **Das Ich erleben:**
  Selbstbewusstsein erlangen durch freies Bewegen; Unterschiede zwischen sich und anderen wahrnehmen und zulassen können
- **Gemeinschaft erleben:**
  miteinander in Kontakt treten – ein Teil der Gruppe sein

Musik

In der Rhythmik verbindet sich Musik mit verschiedenen Ausdrucksformen und ist so für alle zugänglich. Bei einigen Einheiten produzieren die Kinder Klänge mit ihrem Körper oder mit verschiedenen Materialien. Oder sie improvisieren mit der Stimme und den Instrumenten. Musik in der Rhythmik ist Tanz, Spiel mit Orffinstrumenten und Alltagsmaterialien, Bewegungsformen zur Musik, Gesang und das Spielen musikalischer Geschichten. Im Wesentlichen unterstützt die Musik das Erlangen von

Beim Musizieren lernen Kinder sich auszuprobieren, einander zuzuhören und aufeinander zu achten.

sozialen Kompetenzen. Die Kinder lernen zuzuhören und aufeinander zu achten. Sie lernen sich auszuprobieren und sich zurückzunehmen. Um Musik gemeinsam als Gruppe zu gestalten, muss man seine Ideen einbringen, man muss aber auch die Ideen anderer akzeptieren.

Besonders beim Musizieren mit Instrumenten haben die Kinder einen großen Drang sich auszuprobieren und zuerst einmal auch sehr laut zu werden. Doch die Arbeit mit der Musik ist ein Weg der Selbsterziehung. Die Kinder lernen, dass Musik auch unterschiedliche Facetten hat, dass man laut und leise spielen kann und dass Musik auch Gefühle ausdrückt. Wichtig ist die Erfahrung, dass man andere Kinder auch mal alleine etwas spielen lassen kann, um dann irgendwann selbst an der Reihe zu sein.

Wenn die Kinder dazu angeregt werden, ihre Musik-Erfahrungen zu reflektieren und wenn jedes die Möglichkeit bekommt, seine Fähigkeiten auszuspielen und einen Platz in der musizierenden Gruppe zu finden, können die Kinder das Erlernte auch auf andere Situationen beziehen. Sie lernen so beispielsweise einander ausreden zu lassen und die Ideen der anderen wertzuschätzen.

In der Rhythmikstunde mit Murmeln erfinden die Kinder Geräusche und spielen sie der Gruppe vor, die dann versucht, sie nachzuahmen. Hier geht es darum, den Ideen anderer Aufmerksamkeit zu schenken. Wenn ein Kind nur seine eigenen Bedürfnisse auslebt und nicht auf das Tun der anderen achtet, kann es die Geräusche nicht nachahmen.

Das Prinzip Führen und Folgen ist ein zentrales Thema in der Musik und in der Rhythmik. Die Kinder wechseln dabei die Rollen vom Ausführenden zum Leitenden, wie z.B. In der Geschichte »Es regnet«, wo ein Kind bei dem Spiel »Regenwetter« mit einem Instrument vorgibt, wie die anderen sich bewegen sollen.

Musikinstrumente dürfen frei gewählt werden, jedoch oft der Reihe nach. Hier gilt es also, abwarten zu können, ob das »Lieblingsinstrument« noch verfügbar ist, Konflikte auszuhalten und Lösungsmöglichkeiten zu finden.

Im improvisierten Tanz können die Kinder all ihre Ausdrucksmöglichkeiten nutzen und zur Musik ausleben. Bei der »Farandole« hören die Kinder eine Geschichte zur Musik und setzen sie – jedes auf seine Weise – in Bewegungen um. Dabei bringen sie den Charakter der Musik mit dem Körper zum Ausdruck. Eine andere interessante Erfahrung ist es, die gehörte Musik auf Instrumente zu übertragen und diese mitklingen zu lassen – so können die Kinder selbst zu Musikern in einem Stück werden.

Element Musik: Lernziele und Erfahrungsmöglichkeiten

- **Förderung sozialer Kompetenzen:**
  aufeinander achten, einander zuhören, sich einbringen und zurücknehmen
- **Vermittlung musikalischer Grundlagen:**
  musikalische Parameter wie schnell-langsam, laut-leise, hoch-tief, kurz-lang mit allen Sinnen erfahren; einfache Instrumente spielen; Verse, Reime und Lieder rhythmisieren
- **Musik als Ausdrucksform entdecken:**
  Klang und Rhythmus am Körper wahrnehmen und mit ihm umsetzen; verschiedene Musikrichtungen kennenlernen

Sprache

Es ist allgemein bekannt, dass Verse, Fingerspiele und Gedichte für den Spracherwerb von großer Bedeutung sind. Die Rhythmik greift das entwicklungsfördernde Zusammenspiel von Sprache, Rhythmus und Bewegung in vielfältiger Weise auf: In rhythmisierten Versen und Reimen wird Sprache in kleine und große Bewegungen umgesetzt, Verse und Lieder werden mit Instrumenten oder mit dem Körper begleitet. Rhythmus und Takt geben

Im Zusammenspiel von Sprache, Rhythmus und Bewegung fällt es den Kindern leicht, Kontakt aufzunehmen.

der Sprache eine Struktur vor, an der sich die Kinder leicht orientieren und festhalten können; sie fühlen sich im gleich bleibenden Sprachrhythmus wohl und sicher. Das gibt schüchternen Kindern und solchen, die nicht gerne sprechen, die Möglichkeit sich zu öffnen und einzubringen.

In der Rhythmikstunde mit Steinen ist z. B. ein Vers zu finden, der die Bewegung der Steine vorgibt und begleitet. Die Kinder sind durch die unterstützende Bewegung ins Spiel vertieft und sprechen unwillkürlich mit. Sprache bringt die Kinder immer wieder dazu, Kontakt aufzunehmen. Sie lernen, miteinander zu kommunizieren und zu diskutieren. Dies ist für die

Entwicklung sozialer Kompetenzen im Vorschulalter ungemein wichtig. Durch Gespräche darüber, wie sich beispielsweise der eigene Lieblingsstein anfühlt, lernen die Kinder Gedanken und Feststellungen zu äußern.

Bei der klassischen Musikeinheit »Das alte Schloss« setzen sie die eigenen Vorstellungen und Assoziationen zur Musik in Bilder und dann in Sprache um. Durch die Musik und die Aktion des Malens werden die Kinder dazu angeregt, sich mitzuteilen. Das immer wiederkehrende Beschreiben des eigenen Tuns macht es für die Kinder zur Selbstverständlichkeit, miteinander zu sprechen. Die Erfahrung, dass ihr Gesprächsbeitrag von Bedeutung ist und in das gemeinsame Spiel aufgenommen wird, stärkt ihr Selbstbewusstsein.

Sprechen und sich mitteilen zu können, ist insbesondere im Hinblick auf die Schule von enormer Bedeutung. Sich qualifiziert auszudrücken, nach Beschreibungen zu suchen und gemeinsam mit anderen zu überlegen, ist ein wichtiger Bestandteil sozialen Lernens. Auch deshalb ist die rhythmisch-musikalische Erziehung ein erstrebenswerter Ansatz in der Vorschulerziehung.

Element Sprache: Lernziele und Erfahrungsmöglichkeiten

- **Den Sprachschatz erweitern:**
  Verse, Gedichte, Reime und Lieder kennenlernen; Materialeigenschaften benennen und beschreiben
- **Förderung sozialer Kompetenzen:**
  Miteinander in Kontakt treten, diskutieren und kommunizieren, gemeinsam Lösungen finden
- **Förderung der Kreativität:**
  Freude am Gestalten mit Sprache; mit Sprechrhythmen, Betonung und Tonhöhen experimentieren
- **Das Zusammenspiel von Sprache und Bewegung erleben:**
  Sprache in große und kleine Bewegungen umsetzen, Bewegung als Unterstützung für das Sprechen erfahren
- **Das Ich zum Ausdruck bringen:**
  Äußerung von Gedanken und Feststellungen; den eigenen Sprachrhythmus finden

Material

In der Rhythmik kann man eine Vielzahl von Materialien einsetzen. Die Bandbreite reicht von Naturmaterialien über sogenanntes wertfreies Material (Joghurtbecher, Zeitungen u.ä.) bis hin zu den »typischen« Rhythmikmaterialien wie z.B. Tücher, Reifen, Bälle oder Säckchen. Das Material lockt die Kinder, es reizt sie, Neues auszuprobieren. Es regt sie an zu schöpferischem und kreativem Verhalten.

Der wichtigste Aspekt der sozialen Förderung durch Material liegt auf der Hand: das Material bindet die Aufmerksamkeit der Kinder an sich und lenkt sie von der eigenen Person ab. Insbesondere Kinder, die sich allgemein wenig zutrauen und eher introvertiert sind, kommen mit Material oft aus sich heraus, da sie dann nicht selbst im Mittelpunkt stehen.

Die intensive und schöpferische Beschäftigung mit dem Material wirkt ausgleichend und stärkt das Selbstbewusstsein.

Den Kindern, die sich sonst gerne in den Mittelpunkt drängen, hilft die Beschäftigung mit dem Material, bei sich selbst zu bleiben. Da alle Kinder das Gleiche haben, ist ihr Druck, sich ganz nach vorne zu drängen, nicht so hoch.

Weil alle Kinder mit dem ausgewählten Material etwas tun können, hat auch jedes ein Erfolgserlebnis. Das Spielen und Arbeiten mit Material in der Rhythmik gestaltet sich sehr angenehm. Die Kinder sind voller Freude dabei, denn das Material ist für sie wie ein interessantes Spielzeug.

Angeregt durch das Material trauen sich die Kinder, neue Bewegungsabläufe auszuprobieren. Sie lernen, ihre Bewegungen besser zu koordinieren und werden sicherer in ihrem eigenen Tun.

In der Rhythmik gehen wir sinnvoll und behutsam mit Material um. Die Kinder lernen dabei auch kleine Dinge zu schätzen. Der Stein, der in der Rhythmikstunde so lange bespielt wurde, wird zu einem besonderen Teil des Kindes – er ist nicht nur ein Stein, den es wieder achtlos wegwirft. Es baut für ihn ein Schatzkästchen oder schenkt ihn jemandem. Beim Spiel mit Material lernen die Kinder auch den Aspekt des Teilens. Immer wieder werden Materialien getauscht oder gemeinsam benutzt.

Element Material: Lernziele und Erfahrungsmöglichkeiten

- **Wahrnehmungsförderung:**
  Das Material mit allen Sinnen erforschen; Selbsterfahrung und Selbstbewusstsein sammeln; das Material bindet die Aufmerksamkeit des Kindes und hilft ihm, sich zu konzentrieren.
- **Kreativitätsförderung:**
  handelnde, schöpferische Auseinandersetzung mit dem Material
- **Bewegungsförderung:**
  Das Material regt dazu an, neue Bewegungsabläufe auszuprobieren und verschiedene Bewegungen zu koordinieren.
- **Förderung sozialer Kompetenzen:**
  Verantwortung übernehmen; sinnvoller Umgang mit Material; mit der Gruppe/einem Partner teilen

Der Aufbau einer Rhythmikstunde

Eine Rhythmikstunde besteht aus drei Phasen:

Rhythmikstunde		
Einstimmungsphase	Hauptteil	Ausklang
Begrüßungsritual	Rhythmische Spiele zum Thema im **Wechsel von Mitteln und Methoden**	**Abschlussritual**

Rituale und roter Faden

Für Kinder sind Rituale wichtig, sie halten sich an ihnen fest und orientieren sich an ihnen. Für eine gemeinsame Gestaltungs- und Handlungsebene, in die die Kinder mühelos und sicher einsteigen können, sind Rituale unverzichtbar. Beispielsweise sollte ein Lied oder ein Vers über einen längeren Zeitraum hinweg der Beginn jeder Rhythmik-Stunde sein.

Rituale und klare Strukturen schaffen eine gemeinsame Handlungsebene und geben den Kindern Sicherheit.

Hierbei können unterschiedliche Variationen durchgespielt werden, z. B. dazu klatschen, stampfen oder rhythmisch sprechen, instrumental begleiten oder einen Tanz dazu erfinden, aber das Grundgerüst sollte bleiben.

Zur Einstimmungsphase gehört außerdem ein Sich-vertraut-Machen mit dem Thema der Stunde, entweder durch Sensibilisierung mit dem Material (z. B. die Kinder tasten den Stein oder erraten, was in dem Säckchen ist), durch Dekoration des Raumes oder einfach durch ein paar einführende Worte (z. B. wir hören heute Musik und tanzen dazu, wir werden heute eine Geschichte hören, in der es um einen Schmetterling geht, wir machen heute einen Sparziergang in den Wald – doch unser Wald ist die Turnhalle …)

Einstieg- und Abschlussrituale können bekannte Begrüßungs- und Verabschiedungslieder sein, aber auch selbst erdachte Verse und Reime, die immer wiederholt werden. Hier zwei Beispiele, bei denen der ganze Körper einbezogen wird. Sie fördern außerdem die Kontaktaufnahme zu den Gruppenmitgliedern:

»Rhythmischer Beginn«

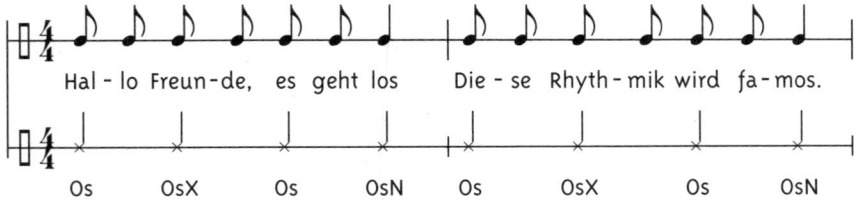

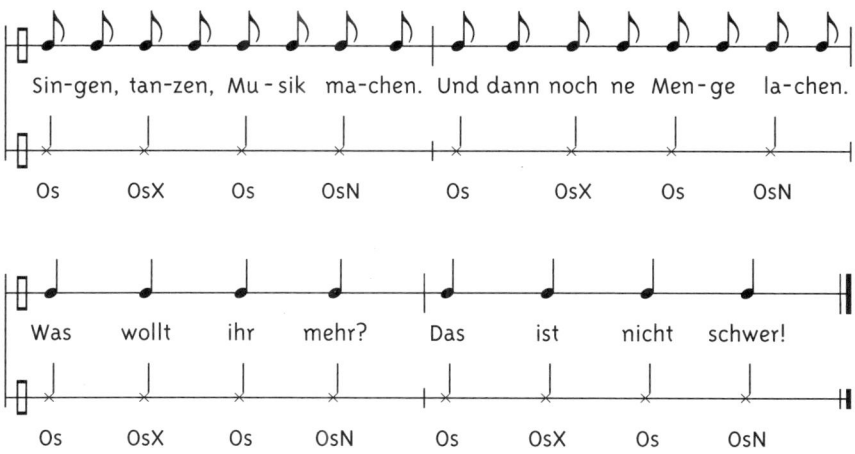

Sin-gen, tan-zen, Mu-sik ma-chen. Und dann noch ne Men-ge la-chen.

Os OsX Os OsN Os OsX Os OsN

Was wollt ihr mehr? Das ist nicht schwer!

Os OsX Os OsN Os OsX Os OsN

Wir wünschen uns viel Spaß! *(einander die Hände reichen und schütteln)*

Os = *mit beiden Händen auf die Oberschenkel klatschen*
OsX = *mit beiden Händen überkreuz auf die Oberschenkel klatschen*
OsN = *mit der rechten Hand auf den Linken OS des rechten Nachbarn,*
mit der linken Hand auf den rechten OS des linken Nachbarn klatschen.

»Rhythmischer Abschluss«

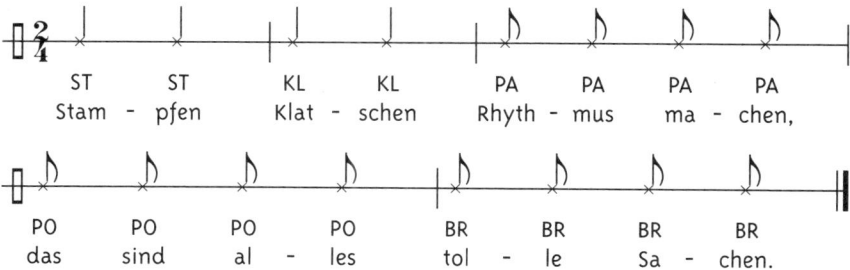

ST ST KL KL PA PA PA PA
Stam - pfen Klat - schen Rhyth - mus ma - chen,

PO PO PO PO BR BR BR BR
das sind al - les tol - le Sa - chen.

Reicht zum Abschied euch die Hände, alles geht einmal zu Ende. Tschüss!
(sich an den Händen fassen, Hände drücken und bei »Tschüss« winken)

ST = stampfen
KL = klatschen
PA = patschen (auf die Oberschenkel)
PO = auf den Po klopfen
BR = auf den Brustkorb klopfen

Das nachfolgende Lied kann sowohl zu Beginn, als auch zum Abschluss der Rhythmikstunde gesungen und gespielt werden. Es lässt sich aber auch als wiederkehrendes Stück in fast jede Stunde einbauen.
Beim Teil »… was kannst du, du, du …« können einzelne Kinder eine Bewegung oder einen Rhythmus vorgeben, den die anderen dann bei »… lalala …« wiederholen. Bei einer Rhythmikstunde mit Material könnte beispielsweise mit diesem etwas vorgemacht werden.

»Hallo, du, du, du …«

Hal - lo du, du, du! Hör mal zu, zu, zu!

Was kannst du, du, du? Mach mal vor!

La la la la la la la la la la

la la la la la la la la

Die Kinder sollten die Möglichkeit haben, ihr rhythmisches Tun immer wieder zu reflektieren und miteinander darüber zu kommunizieren. Die Erfahrung, dass alle Meinungen ernst genommen werden und dass alle Aktionen der Gruppe auch ihre Wertigkeit erhalten, verleiht der Gruppe die Fähigkeit zum sozialen Lernen.

Deshalb sollten die Kinder immer wieder zusammenkommen, um Überlegungen und Ideen auszutauschen. Besonders bei gemeinsam gestalteten Tänzen oder Musikstücken sollten alle Kinder die Möglichkeit haben, sich immer wieder neu einzubringen. Hierbei dient die Mitte als zentraler Treffpunkt zur Ruhe und Reflexion.

Zum Abschluss einer Rhythmikstunde kann es bei älteren und geübten Kindern auch zum Ritual werden, über den Verlauf der Stunde zu reden und folgenden Fragen nachzugehen:

- »Was hat mir gut gefallen?«
- »Was fand ich nicht so gut?«
- »Was möchte ich gerne noch mal machen?«
- »Wie habe ich mich gefühlt?«
- »Wobei ging es mir gut, wobei ging es mir nicht so gut?«
- »Mit wem habe ich heute besonders gerne zusammen musiziert?«

Hierzu kann eine Klangkugel, ein Stein, ein Glassteinchen oder etwas Ähnliches herumgegeben werden. Das Kind, welches den Gegenstand in der Hand hat, ist an der Reihe, sich zu äußern. Die Reflexionsrunde sollte von den Kindern keineswegs als Zwang erlebt werden, sich äußern zu müssen. Deshalb darf jedes Kind den Gegenstand auch einfach weitergeben, ohne etwas zu sagen, wenn ihm das lieber ist. Insbesondere für schüchterne Kinder ist dies besonders wichtig: denn diejenigen, die wir im Verlauf der Stunde mühsam aus ihrem Schneckenhaus gelockt haben, könnten sich hier sonst plötzlich wieder zurückziehen.

Rhythmikstunden sollten sinnvoll aufeinander aufgebaut sein und einen roten Faden aufweisen. In diesem Buch sind zahlreiche Themenbeispiele nach diesem Prinzip zu finden, die immer einen Wechsel der rhythmischen Mittel beinhalten und vielfältige Anregungen für Rhythmikstunden bieten. Auch der Abschluss sollte wieder ein Ritual beinhalten. Außerdem ist ein Ausblick auf die nächste Stunde für die Kinder oft schön.

Raumwahl und Raumgestaltung

Für die Rhythmikstunden ist ein größerer Raum erforderlich. Zu Beginn der Stunde treffen wir uns in einer Mitte aus Kissen oder Teppichmatten, bei einer schönen Kerze auf einem Tuch, das evtl. noch zum Thema dekoriert wurde. Wenn es möglich ist, bleibt die Kerze als Mitte während der Stunde stehen, oder sie findet einen Platz auf der Fensterbank. Die Mitte ist ein gemeinsamer Ruhe- und Treffpunkt – Kinder, die zwischendurch mal aussteigen möchten, können sich dort einfinden.

Auch dies ist ein wichtiger Aspekt im Hinblick auf die Stärkung sozialer Kompetenzen: Die Kinder sollen immer die Möglichkeit haben, selbst ihre Grenzen zu bestimmen. Nur in einem wertfreien Raum, in dem alle einander akzeptieren und respektieren, ist es möglich sich frei zu entwickeln.

Gruppengröße

Die Gruppengröße sollte nicht unter sechs Kindern liegen und zwölf möglichst nicht überschreiten. Nur so ist ein effektives Lernen möglich. Bei wenigen Kindern ist der Fokus zu sehr auf den Einzelnen gerichtet und man kann auch zu wenig von anderen Ideen profitieren. Bei zu vielen Kindern kommen ruhige, zurückhaltende Kinder oft nicht so zum Zug und die Situation wird schnell chaotisch.

Rhythmik-AGs

In Rhythmikstunden, die nicht innerhalb des Kindergarten-Tagesablaufs stattfinden, sondern in Form einer Nachmittags-AG mit einem festen Zeitrahmen, kann man zwischen Hauptteil und Abschlusslied noch eine Zeit lang gemeinsam im Gruppenraum verbringen. Nach einer kleinen Vesperpause können beispielsweise am Basteltisch vertiefende Aktivitäten stattfinden (Anregungen dazu finden sich am Ende jeder Rhythmik-Einheit im Buch). Danach trifft sich die Gruppe wieder im Rhythmikraum, um evtl. neue Verse noch einmal aufzugreifen und das Abschlusslied zu singen. Eine solche AG mit fest angemeldeten Kindern hat durchaus Vorteile: Die Kinder werden regelmäßig gebracht und die Stunden lassen sich besser aufeinander aufbauen.

Rhythmikstunden mit Material

Hier sind hauptsächlich Rhythmikstunden mit Natur- und Alltagsmaterialien beschrieben. Erfahrungsgemäß arbeiten Kinder begeistert mit Materialien, die sie sonst draußen finden. Steine, Stöcke, Blätter und ähnliche Dinge werden dabei zu besonderen Schätzen. Die Kinder erfahren, dass auch unspektakuläre Dinge wichtig sein können und unseren Respekt verdienen.

Rhythmik mit Stöcken

Soziale Kompetenzen:

Wahrnehmung des eigenen Körpers
- die Stöcke auf verschiedenen Körperteilen spüren
- vorsichtig um die Stöcke herumgehen, ohne sie zu berühren
- verschiedene Bewegungsmuster ausprobieren

Eigenverantwortung
- Wie bewege ich mich im Raum?
- Welche Stöcke suche ich aus?
- freies Experimentieren

Material und Vorbereitung
- Genügend Äste (mindestens zwei für jedes Kind) auf 20 cm Länge sägen (Durchmesser 2–3 cm), Rinde an den Stöcken lassen
- Abspielgerät und Tonträger mit afrikanischer Musik
- Handtrommel

Einstimmung
Gewohntes Begrüßungsritual; die Kinder sitzen im Kreis mit geschlossenen Augen, jedes Kind bekommt einen Stock in die Hand. Durch Greifen, Tasten, Riechen, … sollen die Kinder erleben, was sie in der Hand haben.

26

Hauptteil

1. Die Stöcke liegen im Raum verteilt. Die Kinder bewegen sich zum Trommelrhythmus (Spielleiterin) um die Stöcke herum, ohne sie zu berühren.

2. Die Kinder bewegen sich nur auf den Stöcken.

3. Die Kinder nehmen Stöcke unter den Bauch und rollen darauf.

4. Jedes Kind nimmt sich einen Stock und experimentiert damit (rollen, tragen, darüber springen, werfen ...).

5. Jedes Kind legt seinen Stock auf dem Boden ab. Zu afrikanischer Musik bewegen sich alle um die Stöcke. Beim Musikstopp bleibt jedes Kind bei einem Stock stehen und führt die von der Spielleiterin angesagte Bewegung aus (daneben sitzen, sich darauf legen, den Stock auf den Fuß legen, ...).

6. Die Stöcke werden in die Mitte gelegt. Die Kinder probieren mit verschiedenen Stöcken aus, wie diese beim Aneinanderschlagen klingen. Jedes sucht sich dann zwei Stöcke aus, die ihm vom Klang her gefallen.

7. In einer freien Experimentierphase musizieren die Kinder mit den eigenen Stöcken im Raum (Boden, Wand, Fensterbank usw. stehen zur Verfügung).

Abschluss
Liedbegleitung mit den Stöcken zum gewohnten Abschlusslied;
die Spielleiterin erzählt von der Möglichkeit, die Stöcke zu Klanghölzern zu gestalten und zeigt den Kindern ein Muster.

Ideen zur Vertiefung
• Gestaltung der Hölzer zu Klanghölzern, durch Entfernen der Rinde, Schmirgeln und Verzieren mit Stiften und Brennpeter.

Anschließend können wir mit den Hölzern auf vielfältige Weise musizieren, z. B.

• Spielen im Beat und Off-Beat:
Kreisstellung, Rhythmus gemeinsam mit Hölzern spielen, mit Füßen verstärken, dabei den Beat mitzählen: **1-2-3-4**
Der Off-Beat liegt dazwischen, nämlich auf **und**: 1 **und** 2 **und** 3 **und** 4 **und**.
Jetzt können wir versuchen, auf den Beat zu stampfen und den Off-Beat mit den Klanghölzern zu spielen.

• Einfache Liedbegleitungen:
Rhythmische Begleitung mit den Klanghölzern zu bekannten Liedern

Rhythmik mit Steinen

Soziale Kompetenzen:

Förderung des sprachlichen Ausdrucks
• Verbale und nonverbale Kommunikation in der Gruppe: beschreiben, wie sich die Steine anfühlen und einem anderen zublinzeln, um ihm zu signalisieren, dass er an der Reihe ist.
• Kooperation durch Kommunikation

Wahrnehmung eigener Bewegungen und Bedürfnisse
• zur Steinmusik durch den Raum gehen
• verschiedene Bewegungsformen aufnehmen
• die Steine nach eigener Vorliebe zum Klingen bringen

Material und Vorbereitung
– für jedes Kind mindesten zwei Kieselsteine (etwas größer als pflaumengroß)
– eine Handtrommel

Einstimmung
Gewohntes Begrüßungsritual; die Kinder sitzen im Kreis mit geschlossenen Augen. Die Spielleiterin schlägt zwei Steine aneinander – die Kinder sollen erraten, womit das Geräusch erzeugt wird.

Hauptteil

1. Die Kinder bewegen sich frei im Raum, so leise sie können. Ein Kind sagt an, wie sich alle bewegen sollen (hüpfen, laufen, kriechen,...). Lässt es einen Stein zu Boden fallen, sind alle wie versteinert. Anschließend ist ein anderes Kind an der Reihe.

2. Jedes Kind bekommt zwei Steine. Alle schauen sich ihre Steine genau an: Wie sehen sie aus, wie schwer, wie glatt, wie rau sind sie?

3. Die Kinder dürfen die Steine ausprobieren, klingen lassen, klopfen, reiben, rollen, anderen zuhören, Gesehenes nachahmen, ...

4. Alle gehen mit ihren Steinen durch den Raum und schlagen sie aneinander. Die Spielleiterin spielt leise die Trommel im Gehtempo. Beim ersten lauten Schlag legen alle ihre Steine hin und gehen dann im Trommelrhythmus weiter. Beim nächsten lauten Schlag darf jedes Kind ein neues Steinpaar aufnehmen. Beim (angekündigten) letzten lauten Schlag nimmt jedes Kind wieder seine eigenen Steine.

5. Kreisstellung: Ein Kind beginnt seine Steine anzuschlagen. Blinzelt es einem anderen Kind zu, spielt dieses weiter.

6. Ein Kind schlägt mit seinen Steinen einen gleichmäßigen Rhythmus. Nach und nach kommt immer ein weiteres Kind hinzu. Nachdem alle

29

eine Weile zusammen gespielt haben, hört eines nach dem anderen (in der umgekehrten Reihenfolge) wieder auf.

7. Die Spielleitung schlägt ihre Steine aneinander und spricht dazu folgenden Vers:

Steine klopfen, eins, zwei, drei,
Steine reiben, vier, fünf, sechs,
Steine schütteln, sieben, acht, neun,
Steine wollen jetzt gehn' – es sind zehn.
(*Steine verschwinden hinter dem Rücken*)

Kinder und Spielleiterin sprechen den Vers gemeinsam und führen entsprechende Bewegungen dazu aus (bei »schütteln« werden die Steine wie Würfel in der Hand bewegt). Während der Vers gesprochen wird, gehen alle durch den Raum.

Abschluss
Mit den Steinen das Abschlusslied bzw. den Abschlussvers begleiten

Ideen zur Vertiefung
In der darauffolgenden Rhythmikstunde besteht die Möglichkeit, das Steinthema mit einer Steinmeditation wieder aufzugreifen. Hierzu geht die Gruppe zunächst nach draußen und jedes Kind sucht sich einen Stein. Dieser wird gewaschen und abgetrocknet – so können die Kinder schon eine »Beziehung« zu ihm entwickeln. Dann machen es sich alle auf Decken und Kissen, die im Rhythmikraum bereit liegen, bequem. Ein abgedunkelter Raum, etwas Kerzenlicht (eine Kerze in der Mitte) und leise Musik tragen zur meditativen Atmosphäre bei.

● Steinmeditation

»In eurer Hand haltet ihr ihn fest, euren Stein. Vielleicht ist er noch etwas kalt, aber bald wird er warm werden, von der Wärme eures Körpers. Der Stein ist wie ein kleiner Schatz – etwas, worauf ihr aufpassen wollt. Ihr fühlt ihn noch mal mit euren Händen, fühlt die kleinen Ritzen und Löcher, die glatten und die rauen Stellen. Euer Stein ist etwas ganz Besonderes, kein Stein ist so wie er. Ihr habt die Augen geschlossen, aber ihr wisst genau, welche Farbe er hat – er ist schön. Jetzt ist er bestimmt schon ganz warm. Euch fällt vielleicht ein, wo ihr ihn gefunden habt, wo er lag. Lag er dort alleine und einsam oder lag er dort mit vielen Steinfreunden? Wie ist er dort hingekommen? Ob ihn wohl ein anderes Kind dorthin gelegt hat? Vielleicht wurde er sogar unsanft hingeworfen … Hat er schon mal in einer anderen Hand gelegen, in einer Menschenhand oder in der Pfote eines Tieres? Der Stein hat sicher schon viel erlebt. Ihr seht, wie er von Regen, Schnee und Sturm geärgert worden ist. Aber er wurde auch schon von der lieben Sonne gekitzelt, gewärmt und verwöhnt. So, wie jetzt von eurer Hand. Jetzt legt ihr euren Stein auf euren Bauch, wenn ihr wollt, auf den nackten Bauch. Da fühlt ihr ihn, den warmen Stein, ganz schwer ist er und mit eurem Atem geht er auf und ab. Ihr lasst eure Augen zu und spürt ihn. Jetzt öffnet eure Augen, nehmt euren Schatz in die Hand und erzählt mir, was ihr von ihm geträumt habt.«

- Schatzkästchen

Nachdem die Kinder von ihren Träumen erzählt haben, basteln wir für unseren Stein ein Schatzkästchen. Besonders schön ist das gefaltete Kästchen (Anleitung s. Anhang), man kann es mit Glimmer und Federn schmücken. Auch fertige Schachteln können beklebt werden.

- Bilderbuch »*Mats und die Wundersteine*«

Nach der gemeinsamen Bilderbuchbetrachtung sind der Kreativität keine Grenzen gesetzt. Wir können die Geschichte nachspielen und basteln uns dazu Mauseohren. Aus Möbelstücken, Tüchern usw. entsteht das Bühnenbild. Steine werden mit Goldfarbe besprüht. Zu bekannten Melodien können wir gemeinsam Lieder dichten, hier zwei Beispiele:

a) Zur Melodie von »*Wer will fleißige Handwerker seh'n?*« singen die Kinder folgenden Text und benutzen Steine als Rhythmusinstrumente:

Refr.: Wer will Glitzersteine seh'n? Der muss zu den Mäusen geh'n.

1. Kommt herein, kommt herein.
   Es glitzert hier, ist das nicht fein?

2. Stein um Stein, Stein um Stein,
   der Berg wird bald ganz leer sein.

3. Lasst das sein, lasst das sein.
   Unser Berg, der wird ganz traurig sein.

4. Gebt ihm zurück, gebt ihm zurück,
   von Euch ein wunderschönes Stück.

5. Oh wie schön, oh wie schön,
   jetzt tanzen wir, ist das nicht fein?

b) Die Kinder tanzen einen Reigen (in Anlehnung an den bekannten Kanon):

Lasst uns miteinander, lasst uns miteinander,
singen, tanzen, danken dem Berg.
Lasst uns das gemeinsam tun,
singen, tanzen, danken dem Berg.

Rhythmik mit Blättern

Soziale Kompetenzen:

Abwarten können
- lernen, sich zurückzunehmen (zuerst fühlen, dann beschreiben und schließlich erfahren, was sich unter dem Tuch verbirgt)
- warten, bis das Blatt auf dem Boden ist und erst dann selbst zu Boden kommen

Wahrnehmung des eigenen Körpers
- um die Blätter zur Musik tanzen
- schnelle und langsame Bewegungen mit der Folie vollziehen
- dem Rhythmus folgen

Material und Vorbereitung
– jede Menge Herbstlaub (verschiedene Formen, Größen und Farben) in einem großen Weidenkorb
– eine Malerabdeckfolie
– Wachsmalstifte und Papier
– ruhige Musik, Abspielgerät

Einstimmung
Wir beginnen mit dem Begrüßungslied und stehen im Kreis. In der Mitte steht ein großer Korb, gefüllt mit Blättern – er ist jedoch mit einem Tuch abgedeckt. Die Kinder stecken ihre Hände darunter und fühlen, was in dem Korb ist. Vielleicht stecken sie auch mal ihre Nase unter das Tuch. Was verbirgt sich darunter?
Nachdem das Geheimnis gelüftet ist, betrachten wir die verschiedenen Blätter: Wie sehen sie aus, wie riechen sie, können wir sie einem Baum zuordnen?

Hauptteil

1. Die Kinder versuchen, ein Blatt auf unterschiedliche Weise zum Boden zu bringen, z. B. werfen, fallen lassen, vorsichtig hinlegen.

2. Wir werfen ein Blatt in die Höhe und versuchen, gleichzeitig mit dem Blatt auf den Boden zu kommen. Wir ahmen dabei die tänzelnden Bewegungen des Blattes nach.

3. Jedes Kind trägt sein Blatt auf unterschiedlichen Körperteilen, dazu erklingt leise Musik. Auch die Ideen der anderen werden aufgenommen.

4. Auf dem Boden liegen viele Blätter. Wir bewegen uns zur Musik um die Blätter herum, ohne sie zu berühren.

5. Die Blätter werden aufgesammelt und in eine ausgebreitete Abdeckfolie gelegt. Wir bewegen gemeinsam die Blätter in der Folie – mal schnell, mal langsam. Einzelne Kinder legen sich unter die Folie und beobachten die Blätter von unten.

6. Jedes Kind sucht sich noch einmal ein Blatt aus. Gemeinsam singen wir das folgende Lied:

»Mein Blatt im Wind«

Mein Blatt im Wind, das saust geschwind
(sich mit dem Blatt in der Hand drehen)
hinauf und hinunter, da wird es ganz munter
(das Blatt nach oben und unten bewegen)
und nachher tanzt es noch einmal. *(Das Blatt von oben fallen lassen)*

Abschluss

Wir liefern uns eine große Blätterschlacht, wenn möglich draußen im Laub, alternativ im Rhythmikraum. Zum Schluss rubbelt jedes Kind das eigene Blatt unter Papier mit Wachstiften ab oder klebt es auf.

Die Einheit endet mit dem gewohnten Abschlusslied oder -vers.

Rhythmik mit Walnüssen

Soziale Kompetenzen:

Selbst- und Mitbestimmung
- Welche Bewegung bzw. welches Geräusch möchte ich mit der Nuss machen?

Regeln beachten
- die Nuss nur hochwerfen, wenn die Musik stoppt
- die Bewegung nur ausführen, so lange der Regenstab zu hören ist

Material und Vorbereitung
- ein Jutesäckchen mit mehreren Walnüssen, mindestens für jedes Kind eine
- ein kleines Küchenmesser zum Öffnen der Walnüsse
- Bastelmaterial für die Mäuse (siehe Anhang)
- Rainmaker (Regenstab)
- Handtrommel

Einstimmung
Nach dem gewohnten Begrüßungsritual holt die Spielleiterin einen kleinen Stoff- oder Jutesack, in dem sich die Walnüsse befinden. Sie schüttelt den Sack und lässt ihn dann herumgeben. Die Kinder schütteln und tasten – was befindet sich wohl in dem Sack?

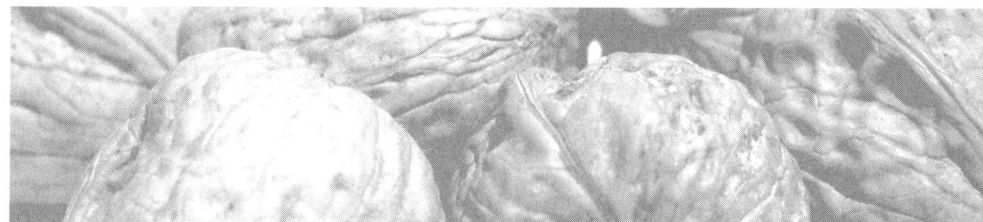

Hauptteil

1. Die Nüsse befinden sich noch in dem Säckchen. Die Spielleiterin schüttelt es in einer Ecke des Raumes – die Kinder folgen dem Geräusch mit geschlossenen Augen. Die Kinder übernehmen abwechselnd die Rolle des »Schüttlers«.

2. Der Sack wird geöffnet. Jedes Kind bekommt seine Nuss auf eine andere Weise – sie wird ihm von der Spielleitung zugerollt oder zugeworfen, in die Hand gegeben oder mit einem Klopfgeräusch vor die Füße gelegt. Diese Bewegung imitieren die Kinder mit der Nuss frei im Raum.

3. Die Kinder experimentieren mit der Nuss. Dazu spricht die Spielleitung den Vers:

   Kannst du's sehn', kannst du's sehn'?
   Was ich mache, das ist schön!

   Sie begleitet den Vers mit dem Rainmaker. Die Kinder führen dazu nacheinander verschiedene Bewegungen mit der Nuss aus: Nuss auf der Hand tragen, unter dem Fuß bewegen, von der einen in die andere Hand geben, ...). Immer wenn der Vers zu Ende und das Geräusch des Rainmakers nicht mehr zu hören ist, wird eine neue Bewegung ausprobiert und der Vers beginnt von Neuem.

4. Die Nuss wird auf den Boden gelegt. Zum Rhythmus der Trommel bewegen sich die Kinder um die Nüsse. Beim Musikstopp gehen sie zu ihrer Nuss, werfen sie hoch und gehen weiter.

5. Wir rollen uns die Nüsse gegenseitig zu.

Abschluss
Wir betrachten noch einmal die Nüsse: Wie sehen sie aus? Wo kommen sie her? Danach werden die Nüsse geknackt – so vorsichtig, dass wir hinterher noch ein Mäuschen daraus basteln können (Anleitung siehe Anhang).

Mit dem Abschlusslied wird die Einheit beendet.

Rhythmik mit Zeitungen

Soziale Kompetenzen:

Selbstvertrauen
- sich trauen, der Gruppe etwas vorzuspielen (die Zeitung lesen)
- eigene Bedürfnisse und Ideen einbringen – Bedürfnisse und Ideen der Gruppe aufnehmen (vom Ich zum Wir)

Partnerarbeit
- gemeinsam mit einem Partner die Zeitung durch den Raum tragen

Material und Vorbereitung
- Zeitungs-Doppelseiten (mindestens drei für jedes Kind, da sie schnell kaputt gehen)
- Handtrommel
- Aufnahme der »Morgenstimmung« von E. Grieg oder ein anderes klassisches Musikstück und ein Abspielgerät

Einstimmung
Nach dem Begrüßungslied legen sich die Kinder auf den Rücken. Die Spielleiterin bittet sie, die Augen zu schließen und legt jedem ein Zeitungsblatt auf den Körper. Sie sollen mit geschlossenen Augen ertasten, womit sie bedeckt sind. Schließlich öffnen sie die Augen und ertasten die Zeitungen noch einmal, schnuppern an ihnen und beschreiben, was sie wahrnehmen konnten.

Hauptteil

1. Jedes Kind erfindet ein Geräusch mit seinem Zeitungsblatt (knüllen, reiben, werfen,...) – möglichst ohne dass es kaputt geht. Das Geräusch wird den anderen vorgeführt und alle ahmen es nach. Bei geübten Gruppen kann es vorkommen, dass so viele Geräusche erfunden werden, dass daraus eine längere Musikimprovisation entwickelt werden kann (in diesem Fall könnten die restlichen Übungen auch auf eine andere Stunde verlegt werden).

2. Die Spielleiterin spielt vier Schläge mit der Handtrommel. Die Kinder gehen dazu vier Schritte, das Blatt ist still. Zu weiteren 4 Schlägen bleiben die Kinder stehen und führen ein Geräusch mit dem Blatt aus. Die Übung wird einige Male wiederholt.

3. Alle kommen im Kreis zusammen. Die Spielleiterin fragt die Kinder, was normalerweise mit Zeitungen gemacht wird. Was steht in einer Zeitung? Wir falten sie auseinander und gehen »lesend« durch den Raum. Wenn wir jemanden treffen, »lesen« wir ihm etwas vor.

4. Die Gruppe trifft sich wieder im Kreis. Die Spielleiterin liest den Kindern eine Zeile aus dem Wetterbericht vor: »Das Wetter wird heute gut«. Nun »lesen« wir die Zeile in verschiedenen Versionen, z. B. traurig, wütend, fröhlich, laut, leise, schnell, langsam, verliebt, weinend,...

5. Immer zwei Kinder tragen gemeinsam ein Zeitungsblatt, ohne dass es kaputt geht. Dabei führen Sie von der Spielleiterin angesagte Bewegungen aus, z. B. sich bücken, rückwärts gehen, ...

6. Wir bewegen uns einzeln mit unserem Blatt in der Hand zur Musik durch den Raum (z. B. »Morgenstimmung«, Peer Gynt Suite, E. Grieg).

Abschluss

Da wir das Blatt nicht mehr brauchen, nehmen wir es in unsere Hände, atmen tief ein und beim Ausatmen zerknüllen wir es. Den entstandenen Ball (mit Tesakrepp verstärken) darf jedes Kind mit nach Hause nehmen. Die Bälle könnten auch als Material für eine neue Stunde verwendet werden. Wir beenden die Einheit mit unserem Abschlusslied.

Eine schöne Ergänzung zu dieser Stunde ist das Gedicht »Das große, kecke Zeitungsblatt« von J. Guggenmos (Link siehe Anhang).

Rhythmik mit Plastikflaschen

Soziale Kompetenzen:

Teilnehmen an einer gemeinsamen neuen Idee / Gruppenerleben
- Die Flasche ist für die Kinder ein neues Medium, mit dem jedes gleichermaßen wenig Erfahrung hat – damit wird ein Gruppenerlebnis geschaffen.
- ein gemeinsames Klangbild kreieren = ein Teil der Gruppe sein
- Gruppenkommunikation im Kreistanz

Material und Vorbereitung
- für jedes Kind eine leere, saubere, durchsichtige Getränkeflasche ohne Etiketten
- Füllmaterial nach Belieben: Murmeln, Perlen, Federn, Watte, Korken, Steine, Stöcke, ...

Einstimmung
Nach dem Begrüßungslied bekommt jedes Kind eine Flasche. Gemeinsam betrachten wir sie: Wie fühlen sie sich an? Woher kennen wir sie? ...

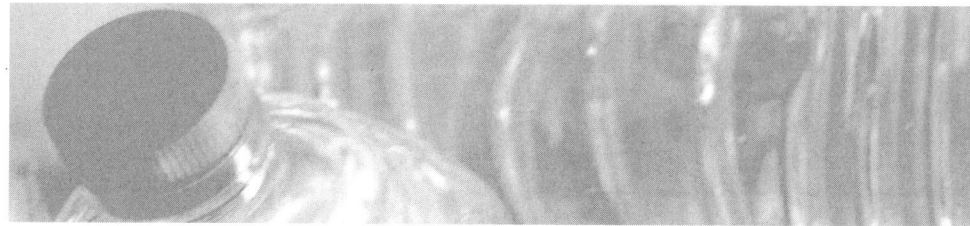

Hauptteil
1. Die Kinder experimentieren frei mit dem unbekannten Material.
2. Wir bewegen die Flaschen auf unterschiedliche Arten: rollen, werfen, auf verschiedenen Körperteilen tragen, andrehen, ...

39

3. Die Kinder gehen durch den Raum und produzieren mit ihren Flaschen verschiedene Geräusche – mit dem Körper, auf verschiedenen Einrichtungsgegenständen, an Boden und Wänden.

4. Wir füllen die Flaschen mit unterschiedlichen Materialien und erzeugen damit neue Geräusche.

5. Wir singen das Lied »Die leeren Flaschen«. Hierzu stehen alle (geleerten) Flaschen im Kreis. Beim Singen laufen wir in Kreisrichtung um die Flaschen herum. Zum Ende des Liedes halten wir an, jedes Kind nimmt eine Flasche in die Hand und erzeugt damit rhythmische Geräusche zum »Ra-ta ta-ta tam-tam« (z. B. Flasche in die Hand, auf den Po oder auf den Boden schlagen). Beim letzten »tam« werden die Flaschen wieder abgestellt. Die Übung wird einige Male wiederholt.

»Die leeren Flaschen«

Seht ihr die lee-ren Fla-schen, sind sie nicht wun-der-schön?

Was wir mit ih-nen ma-chen, das wer – det ihr gleich seh'n:

Ra ta ta ta tam tam Ra ta ta ta ta tam

Ra ta ta ta tam tam tam

Abschluss

Jedes Kind füllt seine Flasche mit seinem bevorzugten Material, evtl. können die Flaschen auch noch verziert werden. Zum gewohnten Abschlusslied spielen wir mit unseren Flaschen eine rhythmische Begleitung. Danach darf jedes Kind seine Flasche mit nach Hause nehmen.

Rhythmik mit Murmeln

Soziale Kompetenzen:

Eigeninitiative und Selbstvertrauen entwickeln
- Geräusche erfinden und der Gruppe vorführen
- beschreiben, wie die eigene Murmel aussieht

Sich selbst und andere bewusst wahrnehmen
- die Murmel in der Trommel rollen
- sich den Bewegungsablauf der Murmel einprägen und die Bewegung dann nachahmen
- genau beobachten und nachspielen

Material und Vorbereitung
- eine Vielzahl unterschiedlicher Glasmurmeln in einem hohen, durchsichtigen Gefäß
- für jedes Kind eine Handtrommel und ein Paar Klanghölzer
- ruhige Instrumentalmusik und ein Abspielgerät
- Für das Murmelbild benötigt jedes Kind einen Schuhkarton-Deckel und ein Blatt Papier, dazu verschiedene Fingerfarben.

Einstimmung
Nach dem Begrüßungslied schauen wir uns die Murmeln im Glas an, geben das Glas herum und beschreiben, was wir sehen.

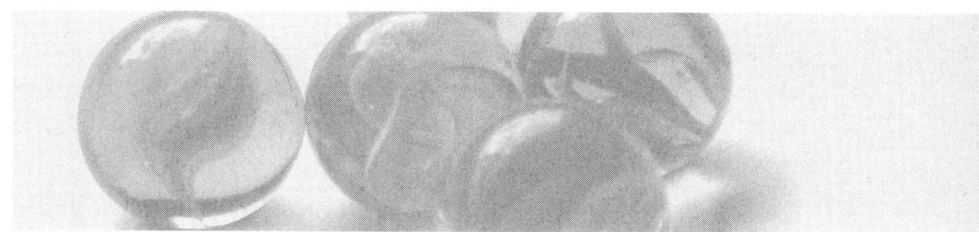

Hauptteil

1. Jedes Kind nimmt sich eine Murmel und betrachtet sie an seinem Platz im Sitzkreis.

2. Wer möchte, darf den anderen beschreiben, wie seine Murmel aussieht.

3. Wir experimentieren am Platz mit der Murmel, erfinden Geräusche und machen den anderen Kindern unsere Lieblingsgeräusche vor – die anderen ahmen sie nach.

4. Die Kinder rollen die Murmel im Raum, auf der Fensterbank, auf unterschiedlichen Untergründen: Wo hört es sich wie an? Wie sind die Unterschiede?

5. Wir begleiten das Rollen der Murmel mit einem Vers:

   Ich rolle hin, ich rolle her –
   seht mich an, das ist nicht schwer.

6. Wir legen die Murmel in eine Handtrommel und lassen sie dort kreisen, hüpfen, rollen, ... Wir schütteln sie mal wild und mal langsam, auch hierbei kann der Vers gesprochen werden.

7. Wir legen mehrere Murmeln in die Handtrommel.

8. Im Sitzkreis machen wir nacheinander mit den Murmeln in der Trommel Musik. Während ein Kind an der Reihe ist, hören die anderen zu und bewegen dabei ihre Trommel nicht.

9. Ein Kind fängt an, die Murmeln in der Trommel zu rollen. Nach und nach kommt immer ein weiteres der Reihe nach hinzu. Wenn alle Kinder die Trommel eine Zeit lang bewegt haben, hört eines nach dem anderen wieder auf.

10. Wir lassen die Murmel aus unterschiedlichen Höhen auf den Boden fallen und hören dem Auftupfen zu. Wir beobachten genau, wie oft und wie lange die Murmel tupft und wie sie rollt. Nach mehreren

Durchgängen machen wir die Augen dabei zu und versuchen, uns den Geräuschvorgang genau einzuprägen. Anschließend übertragen wir den Vorgang auf die Klanghölzer und spielen den Aufprall der Murmel nach.

11. Wir sind selbst eine Murmel und ahmen die Bewegung nach, hierbei sprechen wir den Vers.

Abschluss
Jedes Kind legt ein Blatt Papier in den Deckel eines Schuhkartons. Eine Murmel wird in Farbe getaucht und in den Deckel gelegt. Zur Musik bewegen alle ihre Murmel im Karton durch kreisende Bewegungen. Es werden unterschiedliche Murmeln für unterschiedliche Farben verwendet.

Rhythmik mit Joghurtbechern

Soziale Kompetenzen:

Kooperation:
- sich mit der Gruppe absprechen
- gemeinsam ein Ziel entwickeln
- abwarten können

Selbstvertrauen:
- die Spielleitung übernehmen
- seinen Einsatz finden

Material und Vorbereitung
– viele Joghurtbecher in unterschiedlichen Größen und Formen
– evtl. Füllmaterial, Pappe, Klebstoff und Fingerfarbe, Glitter o. Ä.

Einstimmung
Nach dem Begrüßungslied sitzen die Kinder mit geschlossenen Augen im Sitzkreis. Die Spielleiterin schlägt zwei Joghurtbecher aneinander und

43

versteckt sie wieder hinter dem Rücken. Die Kinder sollen erraten, womit dieses Geräusch erzeugt wurde, und beschreiben, wie es sich angehört hat. Wer die Lösung zu kennen glaubt, behält diese zunächst noch für sich. Es ist aber erlaubt, den anderen kleine Tipps zu geben, z. B. es handelt sich um ein Gefäß; den Inhalt gibt es mit verschiedenen Früchten o. Ä.

Hauptteil

1. Jedes Kind bekommt zwei Becher und erzeugt damit Geräusche, probiert Verschiedenes aus.

2. Ein Kind darf etwas vormachen. Alle anderen Kinder spielen es nach. Hält das Kind seine beiden Becher nach oben, müssen alle sofort aufhören zu spielen und ein anderes kommt an die Reihe.

3. Zu zweit oder zu dritt bekommen die Kinder jeweils ca. 10 Becher. Daraus sollen sie gemeinsam versuchen, einen Turm zu bauen.

4. Wieder baut jede Gruppe einen Turm, diesmal aber nur nach Anweisung: Immer wenn vom Xylophon eine hoher Ton erklingt, wird ein Becher auf den Turm gesetzt. Wenn ein tiefer Ton erklingt, wird ein Becher heruntergenommen. Bei jüngeren Kindern kann man auch zwei unterschiedliche Instrumente für die Signale verwenden, z. B eine Triangel und eine Trommel.

5. Jede Gruppe baut ihren Turm noch mal auf, dann gehen alle zu dem folgenden Vers um die Türme herum. Natürlich ist dabei äußerste Vorsicht geboten, denn kein Turm soll umfallen.

Wir schleichen um die Becher herum,
dum dideldum, dum dideldum.
Wir schleichen um die Becher herum –
sie fallen aber nicht um.

Anstelle von »schleichen« werden immer andere Begriffe eingefügt, die die Intensität der Bewegung um die Türme schrittweise verstärken, also: gehen, laufen, tanzen, springen, rennen. Irgendwann fallen die Türme um, dann heißt der Vers:

Wir spielten um die Becher herum,
dum dideldum, dum dideldum.
Wir spielten um die Becher herum,
dann fielen sie um – bumm.

6. Wir bilden Geräuschereihen: Jedes Kind hat wieder zwei Becher. Das erste Kind macht ein Geräusch, irgendwann kommt das zweite Kind mit einem weiteren Geräusch hinzu usw. Zum Schluss spielen alle gemeinsam und hören nacheinander wieder auf. Hierbei ist es wichtig, seinen eigenen Einsatz zu suchen und zu finden, also: Wie lange spielt meine Vordermann bevor ich einsteige, oder: Wie lange spiele ich noch, bevor ich wieder aufhöre?

7. Ein Kind sitzt mit geschlossenen Augen in der Mitte. Ein Kind im Kreis spielt ein Geräusch, das Kind in der Mitte zeigt in die Richtung, aus der das Geräusch kommt.

Abschluss
Wir begleiten ein Lied mit den Bechern. Wenn genügend Zeit bleibt, können wir uns dafür Becherrasseln bauen. Dazu füllen wir Becher mit geeignetem Material und kleben die Öffnungen mit einer Pappe zu. Danach können sie nach Belieben dekoriert werden.

Rhythmikgeschichten /
Rhythmik mit Bilderbüchern

Rhythmikgeschichten sind an Themen orientiert, z. B. Jahreszeiten, Feste, Fantasiewesen … Sie lassen sich gut in ein größeres Gruppenprojekt einbauen. Manche Geschichten wurden auch entwickelt, um musikalisches Wissen und Fähigkeiten spielerisch zu vermitteln, so lernen die Kinder beim »Froschpalaver« zum Beispiel das Orff-Instrumentarium kennen.

Auch Bilderbücher eignen sich hervorragend für den Rhythmikunterricht. Sie bieten eine bildliche Ausgangsform für musikalisches Gestalten und tänzerischen Ausdruck. Kinder, die eigene Ideen nicht so gerne äußern, können sich hier am Bildmaterial orientieren. Außerdem werden in Bilderbüchern oft Themen aufgegriffen, die Kinder sehr beschäftigen, wie z. B. das Anders-Sein beim »kleinen ICH-BIN-ICH« oder das Gemeinsamstark-Sein bei »Swimmy«.

In den Stundenbeschreibungen mit Geschichten oder Bilderbüchern werden Einstimmung und Abschluss teilweise nicht näher ausgeführt. Es versteht sich von selbst, dass gewohnte Begrüßungs- und Abschlussrituale beibehalten werden. Zum Abschluss oder in einer Pause kann natürlich zu allen Geschichten gemalt und gebastelt werden. Sicher fallen Ihnen auch noch einige bekannte Lieder ein, die sich zur Ergänzung der Thematik eignen. In den Erzähltexten sind die Anweisungen für die Spielleiterin jeweils kursiv in Klammern wiedergegeben.

Von der Raupe zum Schmetterling

Soziale Kompetenzen:

Selbstvertrauen
- sich zunächst für sich alleine bewegen, um schließlich die immer größer werdenden Bewegungen gemeinsam mit den anderen darzustellen
- Hemmungen und Ängste abbauen: Alle experimentieren mit ihren Bewegungen, jedes Kind kann selbst entscheiden, wie es sich bewegen möchte.

Die Geschichte von der Verwandlung der Raupe ist ein Spiel zur auditiven Wahrnehmung, bei dem verschiedene Instrumente mit einbezogen werden. Parallel dazu üben die Kinder unterschiedliche Bewegungsformen.

Material und Vorbereitung
– Triangel, hängendes Becken, Handtrommel, Glockenspiel
– für jedes Kind zwei Tücher und einen Gymnastikreifen
– zwei klassische Musikstücke, ruhig und flott
– Abspielgerät

Hauptteil
Jedes Kind bekommt einen Reifen, sucht sich damit einen Platz auf dem Boden und rollt sich als »schlafende Raupe« darin ein. Die Spielleiterin (S.) beginnt zu erzählen:

»Die kleinen Raupen ruhen sich noch in ihren Eiern aus *(die Kinder liegen still in ihrem Reifen)*.
Doch als die ersten Sonnenstrahlen erscheinen *(S. spielt einige Töne auf der Triangel oder eine Melodie mit der Flöte)*,
zerspringen die Eier *(S. spielt einen Schlag auf dem hängenden Becken)*,
und die kleinen Raupen schlüpfen. Sie recken und strecken sich *(die Kinder strecken sich, solange der Beckenton hörbar ist)*.
Nun wollen die kleinen Raupen ihre Welt entdecken *(K. kriechen durch den Raum, über verschiedene Hindernisse, Bänke etc.)*.
Sie schauen sich alles genau an und ihre Lieblingsbeschäftigung ist das Essen. Während sie zuerst noch sehr schnell flitzen, werden sie mit dickem Bauch immer langsamer *(K. spielen das Erzählte nach, die Bewegungen werden mit Handtrommel begleitet)*.

Zum Schluss können sich die Raupen nur noch rollen *(K. rollen und wälzen sich, Glissando Glockenspiel)*.
Die Raupen wickeln sich in Seidenfäden ein und kommen zur Ruhe. Sie können sich in ihren engen Hüllen kaum bewegen. Nur ab und zu zuckt ein Körperteil *(K. liegen auf dem Rücken, sie bewegen jeweils kurz die Körperteile, die von der S. genannt werden; dazu erklingt leise Hintergrundmusik)*.
Wieder warten sie auf die ersten Sonnenstrahlen *(S. legt neben jedes Kind zwei Rhythmiktücher, dann spielt sie einige leise Töne auf der Triangel)*.
Sie brechen aus der engen Hülle, sie schauen an sich herunter und entdecken, dass sie wunderschöne Schmetterlinge geworden sind. Ihre ersten Flugversuche beginnen. Sie werden immer besser und fliegen von Blume zu Blume *(K. ›fliegen‹ mit den Tüchern in der Hocke, gestreckt, rückwärts, vorwärts, im Hüpfschritt, in der Schlange, auf einer Bank, ... dazu erklingt flotte Musik)*.
Es wird von Tag zu Tag wärmer im Frühling. Die Schmetterlinge suchen sich Tanzpartner, um ein Frühlingsfest zu feiern *(wir spielen und singen ›Schmetterling du kleines Ding‹)*.
Dann legen sie sich in die Sonne und ruhen sich aus und träumen von einem bunten Leben als wunderschöner Schmetterling« *(K. legen sich hin und schließen die Augen, kurze Ruhephase)*.

Abschluss
Nach einer kurzen Pause sprechen und spielen wir folgenden Vers (er eignet sich auch zum Aufgreifen des Themas in der nächsten Stunde), dazu knien wir im Kreis:

»Eine grüne Raupe klein, wollte gern viel schöner sein *(Raupe mit einem Finger zeigen)*.
Sie frisst sich durch, sie frisst sich satt, sie frisst sich glatt durch jedes Blatt *(Bewegungen mit dem Finger, durch Daumen und Zeigefingerloch der anderen Hand ›fressen‹)*.
Sie wickelt sich zur Puppe ein *(Rollbewegungen mit beiden Händen)*,
fällt in ein tiefes Träumelein *(Augen schließen, Kopf auf die Hände legen)*,
Doch irgendwann bricht sie entzwei *(mit den Händen Kokon zerspringen lassen)*.
Nun wird aus ihr ein buntes Ding, ein wunderschöner SCHMETTERLING« *(Flugbewegungen)*.

Spaziergang im Herbstwald

Soziale Kompetenzen:

In der Gruppe zusammenarbeiten können
- gemeinsam tanzen
- gemeinsam einen »Waldsparziergang« erleben und aufeinander achten

Aufmerksam zuhören
- auf den Schlag der Trommel achten
- der Geschichte folgen und die Bewegungen ausführen

Erfolgserlebnisse erfahren
- Mit der Umsetzung von Geschichte und Bewegung in Musik schaffen die Kinder ein »Gesamtkunstwerk«, auf das sie stolz sein können.

Material und Vorbereitung
- Für jedes Kind wird eine Trommel benötigt, vorzugsweise Handtrommeln oder Djemben, auch selbstgebaute Trommeln können verwendet werden.
- Vor der Rhythmikstunde sollten die Kinder Blättermasken gebastelt haben (Anleitung siehe Anhang).

Hauptteil
- Die Geschichte wird erzählt und sofort gemeinsam in Bewegung umgesetzt. Die Kinder können ihre Ideen einbringen. Die Spielleiterin beginnt zu erzählen:

»Wir machen heute Frühsport im Wald. Dazu müssen wir uns unsere Turn-schuhe anziehen und dann geht es los. Wir machen uns erstmal warm — Arme drehen, Dehnübungen, auf der Stelle joggen, hüpfen, in Grätschstellung mit geradem Oberkörper die Hände zum Boden bringen ...

Nun joggen wir durch den Wald. Nach einer kurzen Trinkpause gehen wir nur noch spazieren. Zuerst schnaufen wir noch langsam, dann gehen wir flotten Schrittes. Wir riechen den Duft des Waldes, bleiben stehen und atmen tief ein. Dann erreichen wir feuchteren Waldboden, scheinbar hat es hier geregnet. Da sind auch Pfützen, über die wir hüpfen müssen, manchmal landen wir in einer — platsch! Dann sind da noch Baumstämme im Weg, die müssen wir überqueren, das geht nur durch Balancieren.

Huch was ist denn das? Fallen da etwa Kastanien von den Bäumen? Die wol-len wir doch sammeln! *(Ein Schlag der Spielleitung auf die Handtrommel ist das Signal, dass eine Kastanie heruntergefallen ist. Die Kinder bücken sich und heben die imaginäre Kastanie auf, weitere Schläge folgen, im Wechsel von Tempo und Zeit.)*

Unser Korb ist voll, doch was krabbelt denn da — etwa ein Igel? Den wollen wir beobachten. Er rollt sich ein, er krabbelt, er baut sich ein Blätterbett. Das machen wir mal nach.

Da kommt ja ein Wind auf, ganz schön heftig. Die Bäume wackeln im Wind *(Bäume nachahmen).* Da fallen Blätter von den Bäumen, das wollen wir mal nachmachen *(ein imaginäres Blatt zu Boden fallen lassen und die Bewegung mit dem ganzen Körper nachempfinden).* Mit den Blättern machen wir eine Blätterschlacht *(pantomimisch darstellen).*

Puh, das war ein anstrengender Tag, jetzt aber schnell nach Hause!

Zu Hause erinnern wir uns an den tollen Tag und verwandeln uns im Traum zu Blättern im Wald« *(hier kommen die Blättermasken zum Einsatz, mit denen wir zu Blättern werden und uns zur Musik auf dem Glockenspiel oder der Flöte bewegen).*

Abschluss

Nach einer kurzen »Verschnaufpause« werden die Trommeln verteilt. Auf ihnen spielen wir gemeinsam die Geschichte nach: Die Spielleiterin erzählt und die Hände bewegen sich dazu auf der Trommel. Dadurch, dass die Kinder das Erzählte zuvor mit dem ganzen Körper erlebt haben, fällt es ihnen nicht schwer, die Handlung musikalisch darzustellen.

Auf dem Tulpenfeld

Soziale Kompetenzen

Geduld
- in Ruhe beobachten
- zuhören und abwarten können, den Instrumenten lauschen

Kooperation und Kompromissfähigkeit
- Beim gemeinsamen Gestalten des Tanzes sollen die Kinder sich aufeinander einlassen und miteinander überlegen.

Material und Vorbereitung
- gelbe und rote Rhythmiktücher, für jedes Kind eines
- Regenstab, Oceandrum, Triangel, Daumenklavier
- Tulpen, vorzugsweise mit Zwiebeln

Einstimmung

Nach dem Begrüßungslied betrachten wir gemeinsam die Tulpen und ihre Zwiebeln.

Hauptteil

Jedes Kind darf sich ein Tuch umbinden und sucht sich dann einen Platz auf dem Boden, wo es sich hinlegt und die Augen schließt. Die Spielleiterin beginnt zu erzählen:

»Tief unten in der dunklen Erde ruhen unsere Tulpenzwiebeln. Sie brauchen zum Wachsen Wärme und Wasser. Noch schlafen sie fest *(Kinder liegen auf dem Boden)*. Ab und zu recken sie ihre Wurzeln *(Arme und Beine weit vom Körper ausstrecken)*. Dann beginnt die Regenzeit, die Zwiebeln bekommen viel Wasser ab *(die Kinder stehen auf, strecken die Arme nach oben, trippeln und drehen sich auf Zehenspitzen, dazu ertönten Rainmaker und Oceandrum; alle rufen ›Oh!‹ und nehmen das ›Wasser‹ mit beiden Händen auf)*.

Danach brauchen sie jede Menge Sonne *(die Hände nach oben strecken und hin und her wiegen, den Kopf der ›Sonne‹ zuwenden; dies wird vom Daumenklavier begleitet)*.

Nun ruhen sie sich noch eine Weile aus in der warmen Erde, bevor ihre Stiele ans Tageslicht drängen *(die Kinder gehen wieder in die Hocke)*.

Langsam wird unsere Tulpe groß. Sie bekommt einen saftigen grünen Stiel, wunderbare Blätter und eine hübsche rote oder gelbe Blüte *(zum Schlag der Triangel aus der Hocke hochkommen, so lange wie die Triangel klingt)*.

Die Tulpen freuen sich sehr, dass sie so schön gewachsen sind und wiegen sich im Sonnenlicht *(leichte Musik, dazu Dehn- und Schwingübungen)*.

Nun sehen sie, dass sie unterschiedliche Farben haben und natürlich meint jede, ihre Farbe sei die schönste. Die gelben und die roten Tulpen tun sich mit Ihresgleichen zusammen und möchten der anderen Farbe imponieren« *(jetzt haben die beiden Gruppen die Möglichkeit, einen Tanz oder ein Kunststück mit ihren Tüchern zu erarbeiten, evtl. sogar mit musikalischer Untermalung; bei nicht so geübten Kindern empfehlen sich hier zwei Spielleiter, die sich je einer Gruppe annehmen)*.

Abschluss

Wenn die Gruppen so weit sind, führen sie sich gegenseitig ihren Tanz oder ihr Kunststück vor.

Froschpalaver

Soziale Kompetenzen:

Entscheidungen treffen
- Wie möchte ich mich bewegen?
- Wie möchte ich musizieren?

Die Gruppe wahrnehmen
- bei der Bewegung auf andere Rücksicht nehmen
- miteinander auf die gleiche Weise hüpfen

Beim Spielen der Geschichte üben die Kinder verschiedene Hüpfbewegungen. Außerdem lernen sie auf spielerische Weise Instrumente kennen bzw. können ihre Erfahrungen mit ihnen vertiefen.

Material und Vorbereitung
- einige Reifen, eine Bank und einige Turnmatten
- diverse Instrumente
- einen Teich aus blauen Tüchern auf den Boden legen, drum herum die Turnmatten und die Bank platzieren
- in der anderen Hälfte des Raumes die Reifen auf dem Boden verteilen und in jeden mehrere Instrumente der gleichen Art hineinlegen

Hauptteil
Die Kinder machen es sich im »Teich« bequem und die Spielleiterin beginnt zu erzählen:

55

»Die Frösche sitzen in ihrem großen Froschteich. Die Sonne scheint und es verspricht ein schöner Tag zu werden. So beschließen die Frösche, heute noch einmal für ihren Froschhüpfwettbewerb zu trainieren und hüpfen zu ihrer Trainingsstrecke *(K. hüpfen los)*.

Sie hüpfen auf einem Baumstamm *(Bank)*, dabei müssen sie ganz vorsichtig sein, denn unterhalb des Baumstammes wartet manchmal der große Storch, und der sehnt sich nach einem leckeren Fröschlein.

Jetzt versuchen die Frösche zu zweit zu hüpfen, sie fassen sich an der Hand und los geht's *(Paare bilden und Bewegung ausführen)*.

Die Frösche können auch hintereinander springen und auf einem Bein hüpfen *(Bewegungen in einer Reihe ausführen)*.

Und manchmal versuchen sie auch eine Rolle vorwärts auf dem grünen Gras *(auf den Turnmatten)*.

Jetzt brauchen sie erstmal eine kurze Erfrischung! Sie schwimmen im Teich *(beim Laufen mit den Armen Schwimmbewegungen ausführen)* — aber immer auf den Storch aufpassen! Jetzt haben sie genug trainiert und sie wollen ihrer zweiten Lieblingsbeschäftigung nachgehen: dem Musik machen.

Bevor sie damit anfangen können, möchte der Oberfrosch (Spielleiterin) sehen, ob die Frösche noch die richtigen Namen der Instrumente kennen *(die Kinder hüpfen zwischen den Reifen; wenn die Spielleiterin z. B. ›Klanghölzer!‹ ruft, hüpfen alle zu den Klanghölzern und musizieren dort. Manchmal fordert die S. auch ein einzelnes Kind auf, zu einem bestimmten Instrument zu hüpfen)*.

Wenn alle Instrumente gefunden und ausprobiert worden sind, darf sich jeder Frosch eines aussuchen. Gemeinsam begleiten die Frösche mit den Instrumenten ihr Lieblingslied *(hier passt z. B. das Lied ›Wir Fröschelein‹ sehr gut, siehe Internet-Link im Anhang)*.

Jetzt werden die Frösche müde. Sie hüpfen zurück zu ihrem Teich, um dort zu schlafen« *(jedes Kind sucht sich auf den Tüchern einen Platz zum Ausruhen)*.

Abschluss

Gemeinsam knien wir um den Froschteich. Wir spielen und sprechen den folgenden Vers, dazu patschen wir im Sprechrhythmus auf die Oberschenkel:

Ein grüner kleiner Frosch, der macht sich auf die Socken –
er will mit seinen Sprüngen die Frühlingssonne locken – QUACK!

Er springt von einem Stein zum andern,
will durch die schönen Gärten wandern – QUACK!

Doch hat er nicht daran gedacht,
was der Storch wohl heute macht – QUACK!

Der Storch mit seinen langen Beinen, geht durch den Garten.
Er denkt: So ein Fröschchen, das will ich mir heut braten – QUACK!
*(Hände beim Patschen hochziehen, wie Storchenbeine; bei » braten«, reiben
wir uns die Hände.)*

Mit seinem großen Schnabel, klapp, klapp, klapp,
hat er sich unseren Frosch geschnappt – QUACK!
(Mit den Händen den Schnabel klappen lassen)

Doch der Frosch ist gar nicht dumm –
er hüpft da wieder raus – bumm!

Es regnet

Soziale Kompetenzen:

Führen und Folgen
- in der Rolle der Spielleitung Anweisungen geben
- den Anweisungen der Spielleitung folgen

Eigeninitiative entwickeln:
- ein Gewitter nachspielen
- sich dem Liedtext entsprechend bewegen

Selbstdarstellung:
- vor der Gruppe tanzen und Bewegungen vormachen

In dieser Stunde bearbeiten die Kinder das Thema »Regen« mit verschiedenen Ausdrucksformen: Sprache, Stimme, Musik, Tanz und Bewegung. Beim Bewegungsspiel steht das Reagieren auf akustische Reize im Vordergrund. Die Einführung des Liedes ist für die Kinder ein ganzheitliches Erlebnis, bei dem sie Text, Rhythmus, Melodie und Bewegungen als Einheit wahrnehmen.

Material und Vorbereitung
- einige Handtrommeln, 1 hängendes Becken, Regenstab, Gewittertrommel, Oceandrum
- 1–2 Turnmatten

Einstimmung
Nach dem Begrüßungslied und einem kurzen Gespräch über das aktuelle Wetter lädt die Spielleiterin die Kinder ein, heute selbst einmal Gewitterregen zu spielen.

Hauptteil
Die Kinder stehen verteilt im Raum. Die Spielleiterin sitzt am Rand, die Instrumente liegen griffbereit vor ihr am Boden.

● Bewegungsspiel Regenwetter

Während die Spielleiterin von der Entstehung des Gewitters erzählt, improvisiert sie dazu auf den verschiedenen Instrumenten und gibt passende Bewegungen vor:

»Wir gehen heute spazieren. Noch scheint die Sonne, doch da hinten am Himmel wird es schon ganz dunkel. Kleine Gewitterwolken ziehen auf und von weitem hören wir ein leichtes Gewittergrollen. Langsam werden die die Wol-

ken größer und es wird ganz dunkel. Es blitzt und donnert, die Wolken ver-
dichten sich — da platzt die Wolke, und dicke Regentropfen fallen heraus.«

Das Spiel wird noch einige Male wiederholt, wobei nun die Kinder nach
dem Prinzip Führen und Folgen abwechselnd die Möglichkeit haben, einmal die Rolle der Spielleitung zu übernehmen.

● Übertragen des Bewegungsspiels auf die Turnmatte

Eine Turnmatte liegt in der Kreismitte, wir knien alle darum herum und
spielen mit unseren Händen das aufziehende Gewitter. Hier kann man
noch mal auf die Intensität der Regentropfen eingehen, z. B. es tröpfelt, es
regnet immer mehr, es gießt.

● Einführung des Regenliedes

»Regenkanon«

Text und Musik: Bernd und Ulrike Meyerholz

1. Wir den-ken nicht da-ran, uns ei-nen Schirm zu kau-fen.

2. Wir ha-ben Spaß da-ran, im Re-gen 'rum-zu-lau-fen.

3. Sind wir e-ben patsch - nass!

4. Sind wir e-ben patsch - nass!

1. Die Spielleiterin singt den Kindern das Lied – unter Einbeziehung der Bewegungen (klatschen, springen) – mehrfach vor.

2. Wir bewegen uns im Raum zum Rhythmus und zur Melodie des Liedes (S. spielt auf der Flöte).

3. Nun singen wir das Lied und führen dazu gemeinsam folgende Bewegungen aus: Bei »kaufen« bleiben wir kurz stehen und gehen dann weiter. Bei »laufen« drehen wir uns einmal um die eigene Achse und bleiben dann stehen. Nach »Sind wir eben« klatschen wir zweimal, danach singen wir »patsch«, darauf folgt ein Sprung auf der Stelle, dann singen wir »nass« und enden mit einem Sprung auf die Turnmatte:
Sind wir eben ›klatschen, klatschen‹ *patsch-* ›Sprung‹ *nass!* ›Sprung‹

Auf diese Weise werden die Pausen des Liedes körperlich erfahren – dadurch sind sie für die Kinder leichter einzuhalten.

● Das Regenlied als Kreistanz

Wir stellen uns im Kreis um die Turnmatte auf und singen das Lied noch einmal.
Dabei gehen wir in gefasster Kreisstellung die ersten zwei Takte (bis »kaufen«) im Uhrzeigersinn und wechseln dann die Richtung. Bei »laufen« drehen sich alle um die eigene Achse und bleiben danach stehen. Dann folgt wieder: *Sind wir eben* ›klatschen, klatschen‹ *patsch-* ›Sprung‹ *nass!* ›Sprung‹ (wie oben).

Ideen zur Vertiefung
Zur Erweiterung des Themas können die Instrumente nochmals mit einbezogen oder weitere Ideen der Kinder aufgegriffen werden.

Es schneit

Kooperation
- gemeinsam Bewegungsabläufe in Musik umsetzen

Kommunikation
- nonverbal kommunizieren (durch Imitation)
- sich mit Hilfe der Musik verständigen

Material und Vorbereitung
- viele weiße Wattebausche
- Triangeln, Glockenspiele, Metallophone
- ein Sitzball oder ein großer Gymnastikball
- wenn vorhanden, eine Turnbank und eine Sprossenleiter
- weißes Papier, weiße Wachsstifte und Wasserfarben

Einstimmung
Nach dem Begrüßungslied kann die Spielleiterin die Kinder z.B. über ein Rätsel, einen Vers oder durch das Bezugnehmen auf die Jahreszeit an das Thema heranführen.

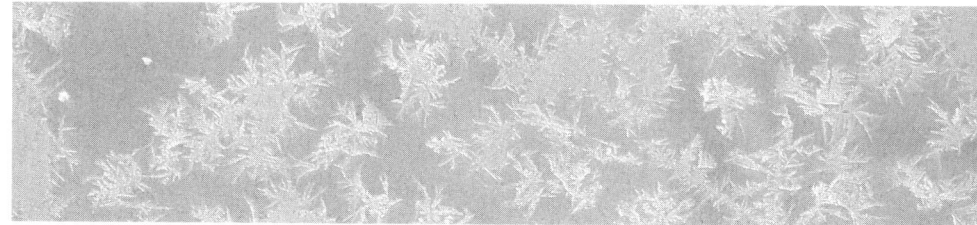

Hauptteil
Die Geschichte wird erzählt und sofort gemeinsam in Bewegung und Musik umgesetzt:

»Wir hatten eine erholsame Nacht und haben tief und fest geschlafen *(die Kinder liegen auf dem Boden, recken und strecken sich zum Wachwerden).* Als wir aufstehen *(Bewegung imitieren)*, rennen wir schnell zum Fenster *(...).* Hat es heute endlich geschneit? Wir schieben die Gardine weg *(...)* und schauen nach draußen *(...)* — tatsächlich, es ist alles weiß! Wie gepudert sieht es aus. Oh, da müssen wir uns schnell anziehen *(...)*, waschen *(...)* und frühstücken *(...)*, damit wir schnell nach draußen können. Das wird ein Spaß!
Jetzt gehen wir nach draußen *(...)*, unsere Freunde warten schon alle.
Was müssen wir alles anziehen, damit wir vor dem kalten Schnee geschützt sind? *(Gemeinsam überlegen, welche Kleidungsstücke für draußen gebraucht werden und ›anziehen‹)*
Schnell rennen wir zur großen Wiese mit dem Rodelberg *(laufen und evtl. mit einem Schneelied begleiten, z. B. ›Es schneit!‹ von Rolf Zuckowski oder ›Schneeflöckchen, Weißröckchen‹).*
Oh, hier fallen ja noch Schneeflocken!« *(Die Spielleiterin wirft den Kindern weiße Wattebausche zu. Sie experimentieren damit, werfen sie hoch, pusten sie weg, versuchen sich damit zu bewerfen ...)*

Anschließend werden die Kinder in zwei Gruppen aufgeteilt: Eine Gruppe lässt die Wattebausche schneien, die andere Gruppe begleitet das mir den Instrumenten; abwechseln. Dann kommen die Wattebausche wieder weg und die Spielleiterin erzählt weiter:

»Na, wen bewerfen wir denn jetzt mit dem Schnee? Ich habe schon eine große Kugel geformt und treffe dich bestimmt! *(Eine imaginäre Schneeballschlacht beginnt.)*
Jetzt wollen wir doch einen großen Schneemann bauen, oder? Wie geht das denn? Wir rollen jetzt mal jeder eine Kugel *(Bewegung imitieren).*
Ich glaube, so viele kleine können wir nicht gebrauchen, besser ist es, wenn wir zusammen rollen« *(gemeinsam das Rollen einer großen Kugel imitieren).*

Nun werden die Kinder wieder in zwei Gruppen aufgeteilt. Die einen begleiten auf den Instrumenten das Rollen, die anderen rollen gemeinsam dazu einen großen Sitz- oder Gymnastikball (die Gruppen wechseln sich ab).

»Wer hat einen Schlitten mit? Los, lasst uns den Rodelberg runterrutschen *(entweder pantomimisch darstellen, oder – wenn möglich – eine lange Bank in eine Sprossenwand einhängen und darauf herunterrutschen; die Rutschbewegung evtl. durch ein Glissando auf dem Glockenspiel begleiten).*
Nun sind wir aber müde und kalt ist es auch. Los, lasst uns nach Hause gehen!«

Abschluss
Zum Abschluss werden Schneebilder gezaubert. Zuerst malen wir mit weißen Wachsstiften Schneeflocken oder einen Schneemann auf weißes Papier. Anschließend malen wir mit blauer Wasserfarbe darüber. Wer möchte, kann sein Bild vorstellen, indem er die vielen Schneeflocken auf dem Glockenspiel vorspielt.

Maus, pass auf!

Das Bilderbuch von Paula Gerritsen erzählt sehr stimmungsvoll, wie die kleine Maus den Herbst erlebt: farbenfroh, stürmisch und voller Überraschungen.

Soziale Kompetenzen:

Einfühlungvermögen
- aufmerksam zuhören, die Erlebnisse der Maus nachempfinden und nachspielen.

Mit anderen teilen, Bedürfnisse anderer respektieren
- sich an den Instrumenten abwechseln

Kommunikation
- Gestaltungsideen austauschen, sich auf eine Variante einigen

Material und Vorbereitung
- Bilderbuch
- Walnüsse
- verschiedene Orff-Instrumente

63

Vor diese Rhythmikstunde könnte man sehr gut die »Rhythmik mit Walnüssen« setzen. Es lassen sich auch einzelne Übungen dieser Einheit in die Stunde einbauen.

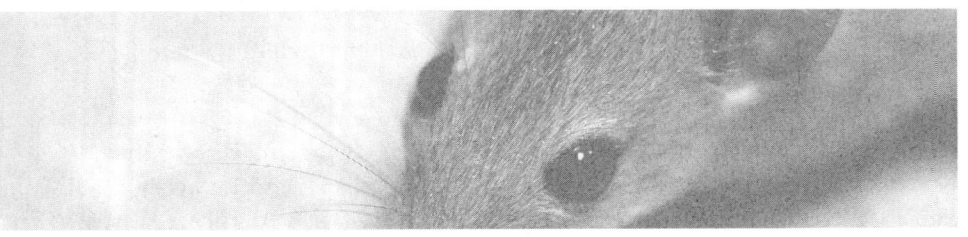

Hauptteil

1. Im Sitzkreis betrachten wir das Bilderbuch gemeinsam. Die Kinder hören die Geschichte, sehen die Bilder und haben die Möglichkeit nachzufragen und zu kommentieren.
2. Die Kinder verteilen sich im Raum. Die Spielleiterin liest die Geschichte noch einmal vor und die Kinder ahmen die Geschichte mit Bewegungen des ganzen Körpers nach.
3. Wir stellen die Geschichte musikalisch dar. Gemeinsam überlegen wir, wie welche Aspekte mit welchem Instrument dargestellt werden könnten: das Trippeln der Maus z. B. mit Klanghölzern, den Wind z. B. mit der Handtrommel, über die wir mit unserer Handfläche streichen. Wir lassen echte Walnüsse auf den Boden fallen und rollen oder pusten sie einander zu. Die Kinder spielen die Geschichte mehrmals, wobei sie die Instrumente untereinander austauschen oder neue Varianten ausprobieren.

Abschluss

Ein Spiellied zum Nuss-Abenteuer der kleinen Maus bildet den Abschluss der Stunde (Melodie: »Die Maus auf Weltraumreise« von Volker Rosin, siehe Anhang).

Ich habe eine Maus geseh'n,
die wollt heut' Nüsse sammeln geh'n.

Sie packt in ihren Mantel ein, *(auf die imaginären Manteltaschen zeigen)*
was man so braucht als Mäuselein.

Noch eine Nuss, Nuss, Nuss
dann ist Schluss, Schluss, Schluss,
noch eine Nuss, Nuss, Nuss,
dann ist Schluss.

(Zu »Nuss« und »Schluss« mit Walnüssen rhythmisch auf den Boden klopfen. Den letzten Teil »Noch eine Nuss, ...« mehrmals wiederholen und das Tempo steigern, denn die Maus möchte ja möglichst viele Nüsse sammeln.)

Das kleine ICH-BIN-ICH

Das Bilderbuch von Mira Lobe und Susi Weigel erzählt die Geschichte eines kleinen Tieres, das keinem anderen gleicht. Darüber ist es traurig, bis es schließlich erkennt: Ich bin nicht irgendwer – ich bin ich!

Soziale Kompetenzen:

Selbstreflexion / Selbstbewusstsein
- Die Erlebnisse und die Gefühle des kleinen »ICH-BIN-ICH« nachempfinden und mit den eigenen Erfahrungen vergleichen.

Toleranz und Offenheit gegenüber anderen
- erkennen, dass jeder anders ist und auch sein darf

Material und Vorbereitung
- Bilderbuch
- verschiedene Orff-Instrumente

Die in Reimform geschriebene Geschichte eignet sich besonders gut zur musikalischen Gestaltung.

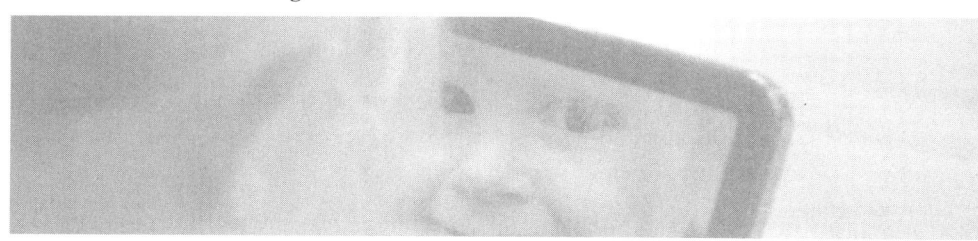

Hauptteil

1. Im Sitzkreis betrachten wir das Bilderbuch gemeinsam. Die Kinder hören die Geschichte, sehen die Bilder und haben die Möglichkeit nachzufragen und zu kommentieren.

2. Die Kinder verteilen sich im Raum und ahmen die Bewegungen und Geräusche der verschiedenen Tiere nach. Hierzu nutzen sie den gesamten Raum und ihren ganzen Körper.

3. Wir treffen uns wieder im Sitzkreis und stellen uns Fragen zum kleinen »ICH-BIN-ICH«: Habe ich mich auch schon mal alleine gefühlt? Was unterscheidet mich von anderen Menschen? Was kann ich besonders gut? Was kann ich nicht so gut? ...

4. Mit Orff-Instrumenten gestalten wir das Bilderbuch als Klanggeschichte. Die Spielleiterin liest Vers für Vers vor und die Kinder spielen dazu eine passende rhythmische Begleitung mit ihren Instrumenten. Einzelne Zeilen können auch von den Kindern mitgesprochen werden.

5. Die einzelnen Tiere können mit verschiedenen Instrumenten dargestellt werden. Hier einige Vorschläge:

   – das kleine ICH-BIN-ICH: Klanghölzer
   – der Frosch: Knackfrosch, Flaschendeckel
   – das Pferd: Kokosnusshälften, Rührtrommel
   – die Fische: Daumenklavier, Zimbeln
   – das Nilpferd: Handtrommel
   – die Papageien: Guiro
   – die Hunde: Holzblocktrommel, Xylophon

   Die Blumenwiese kann mit verschiedenen hell klingenden Instrumenten (z. B. Glockenspiel) dargestellt werden, die Seifenblasen evtl. mit einem Regenstab oder einer Triangel.

Das Buch eignet sich sehr gut als Grundlage für eine Aufführung.

66

Swimmy

Das Bilderbuch »Swimmy« von Leo Leonni erzählt die Geschichte eines kleinen Fisches, der erkennt, dass er und seine Artgenossen den großen Thunfisch nicht zu fürchten brauchen, wenn sie als starke Gemeinschaft ihre Welt erkunden.

Soziale Kompetenzen:

Gemeinschaftliches Handeln
- erkennen, dass die Gemeinschaft mehr erreichen kann, als einer allein
- einander vertrauen

Material und Vorbereitung
- Bilderbuch
- ein Glockenspiel oder Metallophon für jedes Kind

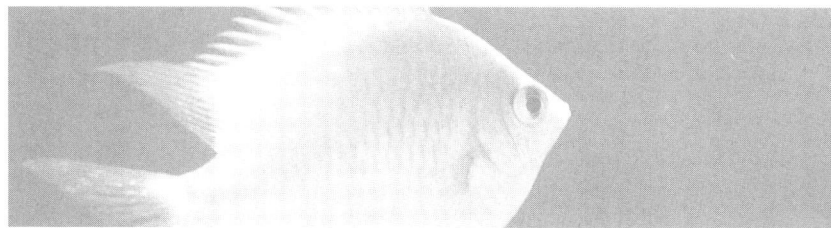

Hauptteil

1. Im Sitzkreis betrachten wir das Bilderbuch gemeinsam. Die Kinder hören die Geschichte, sehen die Bilder und haben die Möglichkeit nachzufragen und zu kommentieren.

2. Gemeinsam stellen wir uns Fragen zu der Geschichte: Wo haben wir schon mal zusammengehalten? Wo haben wir uns gegenseitig geholfen? Was können wir gemeinsam schaffen? ...

3. Zu einer Melodie des Glockenspiels bewegen sich die Kinder einzeln als Fische im Raum. Spielt die Spielleiterin ein Glissando, müssen sich die Kinder als ein großer Fisch zusammenfinden und ganz dicht aneinander rücken, damit sie nicht gefressen werden. Variante: Es wird angesagt, wie viele Kinder sich zusammenfinden müssen: mal sind es nur zwei, mal sechs ...

4. Ein Kind spielt den Thunfisch und versucht, so viele »Fische« wie möglich zu fangen. Wer gefangen ist, muss stehen bleiben, kann jedoch befreit werden, indem ein anderes Kind zwischen seinen Beinen »hindurchschwimmt«.

5. Vertrauensspiel: Immer zwei »Fische« tun sich zusammen. Jeweils ein Kind hat die Augen geschlossen und wird von einem Partner durch das »Meer« geführt, ohne dass es mit den anderen zusammenstößt.

6. Die Meeresbewohner, denen »Swimmy« begegnet, werden mit verschiedenen Bewegungsformen dargestellt. Die Kinder überlegen sich diese gemeinsam und probieren sie aus.

7. Jedes Kind bekommt ein Glockenspiel oder Metallophon. Während die Spielleiterin die Geschichte vorliest, improvisieren die Kinder mit den Instrumenten.

Klassische Musik
mit Kindern

Klassische Musik mit Kindern ist für viele ein Thema, an das sie sich nicht so recht herantrauen. Dabei reagieren Kinder erfahrungsgemäß ganz unbefangen auf klassische Musik und entwickeln oft eine große Begeisterung beim genauen Hinhören und Tanzen, beim Musizieren und Ausgestalten. Deshalb benutze ich in Rhythmikstunden neben afrikanischen Klängen überwiegend klassische Musik.

Es gibt eine Vielzahl von Stücken, die ganz unterschiedliche Stimmungen transportieren. Für die Rhythmik eignen sich vornehmlich Instrumentalstücke, bei denen die Kinder nicht durch Gesang und Text beeinflusst werden, sondern sich ganz auf die Aussagekraft der Musik konzentrieren können. Die Einsatzmöglichkeiten für klassische Musik sind sehr vielfältig, wir können z.B.

- die Musik spontan in Bewegung umsetzen: Hierzu bietet sich die Verwendung von Rhythmiktüchern an, die dann zur Musik mittanzen. Je nach Charakter der Musik eignen sich auch andere Tanzrequisiten, so kommen bei dem Stück »Der Gnom« z.B. Fliegenklatschen zum Einsatz.

- die Musik hören: Kurze Musikstücke hören wir uns gemeinsam an. Die Kinder können sich überlegen, was sie mit der Musik verbinden, was sie sich dazu vorstellen. Gemeinsam können diese Ideen dann umgesetzt werden.

- versuchen, alle Instrumente zu benennen, die in einem Stück zu hören sind: Wenn Kinder die klassischen Orchester-Instrumente kennenlernen sollen, ist das bekannte musikalische Märchen »Peter und der Wolf« von Sergej Prokofjew besonders hervorzuheben.

- zur Musik malen: Auf großen Blättern und mit viel Farbe können die Kinder während des Hörens ein Hörbild anfertigen oder eine Partitur entwerfen.

- Geschichten zur Musik spielen.

Die Kinder sollten auf jeden Fall den Titel des Stückes und den Namen des Komponisten erfahren. Es ist allerdings nicht immer sinnvoll, diese sofort zu nennen, denn dann sind die Kinder in ihrer Phantasie eingeschränkt.

Voraussetzung für das Gelingen einer Stunde ist, dass sich die Spielleiterin vor der Verwendung eines klassischen Musikstücks damit vertraut macht und seine Form und Struktur kennenlernt. Alle im Buch vorgestellten Stücke sind auf CDs mit den jeweiligen Gesamtwerken zu finden. Wer sich diese nicht unbedingt kaufen möchte, kann sie in gut sortierten Büchereien ausleihen. Es gibt auch die Möglichkeit, sich einzelne Stücke aus dem Internet herunterzuladen.

La Primavera

Antonio Vivaldi, Die vier Jahreszeiten, 1. Satz, Allegro

La Primavera ist der Frühling. Wir hören den ersten Teil, das Allegro, das einen durchgehend leichten und beschwingten Charakter hat. Seiner Form nach ist das Stück ein einfacher klassischer Kreistanz, ein sogenanntes Rondo.

Soziale Kompetenzen:

Ein positives Gemeinschaftsgefühl entwickeln
- den Tanz als positives Gruppenerlebnis entdecken
- sich selbst und anderen vertrauen
- gemeinsam etwas entwickeln

Kooperation
- eigene und fremde Bedürfnisse berücksichtigen
- Entscheidungen gemeinsam finden

In dieser Einheit erleben wir die Musik durch das Tanzen. Geübte Kinder können zu der vorhandenen, leicht erkennbaren Struktur schon selbstständig einen Tanz entwickeln. Als Hilfsmittel benutzen wir Rhythmikbänder. Da diese einen hohen Aufforderungscharakter haben, empfiehlt es sich, schon vorher mit ihnen experimentiert oder eine eigene Rhythmikstunde durchgeführt zu haben.

Wir erarbeiten die Musik an zwei Tagen, die aber nicht unbedingt direkt aufeinanderfolgen müssen.

71

Material und Vorbereitung
– Musik und Abspielgerät
– für jedes Kind ein Rhythmikband

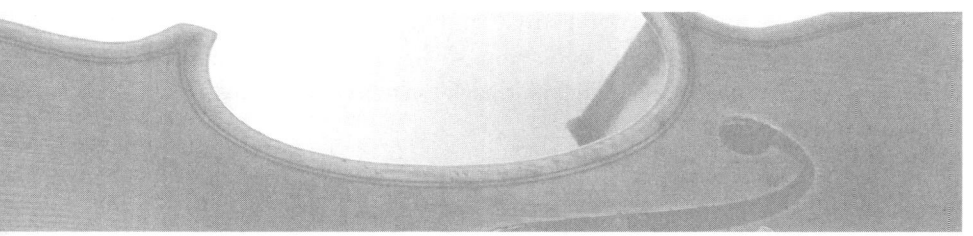

1. Tag
1. Wir bewegen uns ohne Musik mit den Rhythmikbändern. Es werden Schwungübungen gemacht, die dem Tanz entsprechen.

2. Wir bewegen uns mit den Bändern zur Musik frei im Raum.

3. Die Kinder tragen Ideen zusammen, wie sie den Tanz tanzen wollen und probieren verschieden Ideen aus.

2. Tag
1. Wir hören uns die Musik noch einmal an, dazu sitzen wir auf dem Boden und bewegen unsere Arme im Rhythmus der Musik.

2. Wir einigen uns auf eine gemeinsame Tanzform, wobei der immer wiederkehrende Teil A – auch als solcher erkennbar – immer gleich getanzt werden sollte.

Ideen für Tanzbewegungen
1. Zum immer wiederkehrenden Teil gehen wir in Kreisrichtung und schwingen das Band dazu.

2. Zu den weiteren Teilen (B, C, D, E) bleiben wir stehen und schwingen die Bänder auf unterschiedliche Arten, z. B. nach oben, in Wellenbewegungen, auf dem Boden tänzeln lassen, in die Mitte gehen und die Bänder auf und ab bewegen, sich mit den Bändern drehen (den Impulsen der Kinder und der Musik folgen).

Hat man mit den Kindern einen Tanz entwickelt, kann er z. B. auf dem Sommerfest aufgeführt werden.

Der Gnom

Modest Mussorgski, Bilder einer Ausstellung

»Der Gnom« ist eines von zehn Gemälden, die Mussorgsky in seinem Werk musikalisch beschrieben hat. Das Original wurde für Klavier komponiert, für die rhythmische Erarbeitung mit den Kindern ist jedoch die Orchesterversion von Maurice Ravel zu empfehlen.

Soziale Kompetenzen:

Selbstvertrauen
- auf andere zugehen
- erfahren, dass andere die eigenen Bewegungsmotive aufnehmen

Rücksicht nehmen
- beim impulsiven Spiel mit den Fliegenklatschen

Das Stück polarisiert sehr, es wechselt zwischen laut und leise, schnell und langsam. Die einzelnen Motive sind klar zu erkennen – das macht es so interessant für die Verwendung in der Rhythmik. Zu Beginn dieser Stunde sollten die Kinder den Namen des Stückes noch nicht erfahren, da ihre Kreativität dann beeinträchtigt würde.

Material und Vorbereitung
- Musik und Abspielgerät
- dicke Pinsel
- Wasser- oder Fingerfarbe
- großformatiges Papier

Einstimmung
Geübte Kinder hören die Musik im Liegen und bekommen die Aufgabe, ihre Arme dazu tanzen zu lassen. Weniger geübte Kinder bewegen sich frei zu der Musik im Raum. Dann sprechen wir über das Erlebte: Wie haben wir uns bewegt? Verschiedene Bewegungsmuster werden aufgegriffen.

73

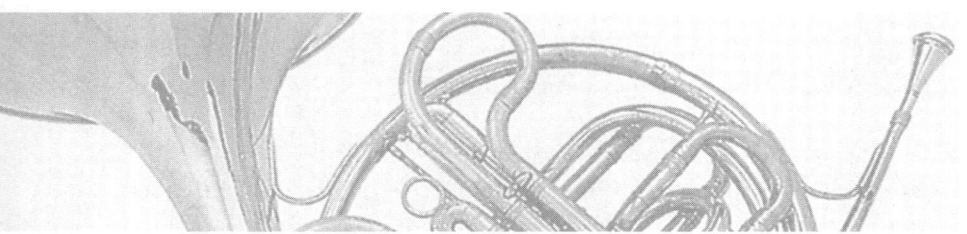

Hauptteil

1. Jedes Kind bekommt eine Fliegenklatsche und wir bewegen uns damit zur Musik im Raum.

2. Wir beziehen unseren Körper, das Mobiliar und den Raum als Klangkörper mit ein. Die anderen Kinder dürfen jedoch nicht mit der Fliegenklatsche berührt werden!

3. Wir treffen uns noch einmal zu einer Gesprächsrunde: Was haben wir erlebt, was können wir von den anderen aufgreifen?

4. Es folgt ein weiterer Durchgang (oder eine Wiederholung am nächsten Tag).

Abschluss
Wir malen zur Musik auf möglichst großen Blättern.

Die einzelnen Aktivitäten können natürlich auf einzelne Tage verteilt werden. Auch ein ganzes Projekt zum Thema »Bilder einer Ausstellung« ist lohnenswert. Auf jeden Fall sollten die Kinder einen Einblick in die Idee der Musik bekommen.

Die Idee zu der Arbeit mit den Fliegenklatschen ist übrigens aus einer Kleingruppenarbeit während meiner Rhythmikausbildung entstanden (Danke, Anke!).

Das Aquarium

Camille Saint-Saëns, Karneval der Tiere

Der »Karneval der Tiere« ist ein klassisches Beispiel für sogenannte Programm-
musik, bei der außermusikalische Vorgänge – in unserem Fall die Geräusche
und Bewegungen in einem Aquarium – musikalisch dargestellt werden.

Soziale Kompetenzen:

Zuhören und beobachten können
- die Musik bewusst hören und in Bewegung umsetzen
- das Wahrgenommene zum Ausdruck bringen
- die unterschiedlichen Teile der Musik erkennen

Ruhe aushalten können und sie kreativ gestalten
- sich der ruhigen Musik entsprechend wie ein Fisch bewegen

Bei dieser Art von Musik ist es hilfreich, den Kindern den Titel des Stückes
vor dem Hören zu nennen, damit sie sofort »im Bilde« sind, worum es
geht. So fällt es ihnen leicht, verschiedene Klänge mit ganz bestimmten Bewegungen und Geräuschen unter Wasser zu assoziieren.
Das Projekt kann man an mehreren Tagen durchführen, es kann aber auch
gekürzt und anders zusammengestellt werden.

Material und Vorbereitung
- Musik und Abspielgerät
- ein Schwungtuch
- einen Stabfisch für jedes Kind
- für jedes Kind 3–4 Bildkarten mit Fischen und Bläschen
- Plastikkugeln
- Mal-Utensilien

1. Tag

1. Nachdem die Kinder den Titel des Stückes erfahren haben, unterhalten wir uns darüber, was wir über Aquarien wissen, wer evtl. ein Aquarium zu Hause hat. Besonders gelungen wäre es, wenn die Kinder ein Aquarium als Anschauungsobjekt hätten, dabei reichen schon zwei Fische aus.

2. Nun hören wir die Musik und die Kinder bewegen dazu ihre Stabfische (auf Pappe aufgemalte und ausgeschnittene Fische, die an einem Holzstab befestigt sind).

3. Die Musik wird ein zweites Mal gespielt und die Kinder bewegen sich selbst als Fische im Raum.

2. Tag

1. In der Musik gibt es einen A-Teil und einen B-Teil. Im A-Teil werden die Fische bzw. ihre Bewegungen dargestellt, im B-Teil die Luftbläschen, die sie produzieren. Um diese unterschiedlichen Teile gemeinsam zu erarbeiten, hören wir die Musik noch einmal und legen immer dann, wenn wir einen Teil erkennen, eine entsprechende Bildkarte (Fische-Karten für die A-Teile, Bläschen-Karten für die B-Teile) in die Mitte auf zwei getrennte Stapel.

2. Die Karten liegen verteilt im Raum. Nun bewegen sich die Kinder noch einmal zur Musik. Diesmal sollen sie versuchen, die unterschiedlichen Teile herauszuhören, um dann zu den entsprechenden Karten zu gehen.

3. Tag

1. Wir bewegen ein Schwungtuch zur Musik. Wenn wir die Fischmelodie hören, werfen wir einen Stabfisch in das Tuch, bei der Bläschenmelodie eine kleine durchsichtige Plastikkugel.

2. Zum Abschluss der Einheiten malen die Kinder ihre Eindrücke auf großes Papier. Die Kinder entscheiden, ob sie das Aquarium, die Musik oder sich selbst als Tänzer im Bild darstellen.

Farandole

Georges Bizet, L'Arlésienne Suite No. 2

Jeder, der dieses Stück hört, muss unweigerlich an einen wilden Kampf denken. Wir stellen uns dazu ein Piratengefecht auf hoher See vor.

Soziale Kompetenzen:

Die eigenen Bedürfnisse wahrnehmen – auf die der anderen Rücksicht nehmen
- sich einbringen und zurücknehmen beim Piratenspiel
- Handlungsinitiativen entwickeln
- Spielregeln beachten

Selbstvertrauen entwickeln
- freie Darstellung im Rollenspiel

Dieses Stück eignet sich hervorragend zum Austoben und zum Entdecken eigener Kräfte und Fähigkeiten. Zum Glück ist die Musik so faszinierend, dass man sie auch im wildesten Rollenspiel nicht überhören kann. Die Piratenaktion findet an zwei Tagen statt.

Material und Vorbereitung
- Musik und Abspielgerät
- eine Turnmatte als Schiff
- einige Tücher, evtl. Topfpflanzen
- ein Schatzkästchen mit Inhalt
- evtl. Pappröhren als Schwerter

77

1. Tag

1. Die Spielleiterin erzählt eine Piratengeschichte und die Kinder spielen die Handlung direkt mit. Die folgende Geschichte ist eine Anregung, die noch ausgeschmückt und mit den Kindern weiter entwickelt werden kann. Die Spielleiterin greift dazu immer die Ideen der Kinder auf:

»Die Piraten machen sich auf, um den Schatz von der Insel der ›Wilden Kerle‹ zu stehlen. Sie besteigen ihr Piratenschiff *(Turnmatte in der Mitte des Raumes)* und fahren los, dabei schauen sie immer wieder mit ihren Fernrohren nach der Insel.

Als ein Sturm kommt, müssen sie die Segel einholen und rudern. Das ist ganz schön schwierig: Hau Ruck! — Hau Ruck! ...

Endlich sehen sie etwas am Horizont. Sie halten mit ihren Fernrohren Ausschau. Ja, da ist die Insel! Doch wir können nicht genau davor anlegen. Also müssen wir ins Wasser springen und zur Insel schwimmen *(evtl. liegt in einer Ecke des Raumes eine ›Insel‹ aus Tüchern o. Ä., z. B. mit Pflanzen ausgeschmückt)*.

Langsam schleichen wir uns auf die Insel und schauen uns immer wieder um. Oh nein, da sind die wilden Kerle und greifen uns an! Los, auf sie mit Gebrüll! Wir kämpfen mit unseren Schwertern gegen sie. Achtung, ducken! Ja, da haben wir einen gefangen genommen und weiter geht's, wir kriegen euch! Endlich sind sie besiegt und wir finden den Schatz.

Er muss ausgebuddelt werden und dann tragen wir ihn gemeinsam zum Strand. Los, Piraten, jeder nimmt sich etwas von der Beute auf den Rücken und schwimmt dann schnell zum Schiff!

Sind alle an Bord? Dann Anker lichten und losrudern!

Jetzt sind wir weit genug von der Insel entfernt. Wir öffnen den Schatz und staunen: Ooh — so viel Gold, juhuu!«

2. Tag

1. Gemeinsam überlegen wir, was die Piraten alles erlebt haben. Dann spielen wir unsere Piratengeschichte noch einmal, diesmal während wir das Stück hören. Die Musik entwickelt viel Dynamik und baut immer wieder große Spannung auf. Man hört leise, aber auch sehr dramatische

Töne. Entlang dieser »Klang-Dramaturgie« kann man die Geschichte ungefähr in der oben genannten Reihenfolge spielen. Es empfiehlt sich aber, als Spielleiterin das Stück zuvor ein paar Mal zu hören und sich ggf. Notizen zu den Abläufen zu machen. Die Kinder hören in der Regel ganz gut, was an der Reihe ist und agieren zur Musik. Dabei ist auch Sprechen erlaubt.

2. Eine wichtige Regel sollte eingeführt werden: *Wir dürfen so tun, als ob wir kämpfen, aber wir greifen niemanden wirklich an.* Kindergruppen, auf die man sich gut verlassen kann, können sogar zur bildlichen Unterstützung Papprohren in der Hand haben und damit in der Luft »kämpfen«. Die Röhren können dann auch als »Ruder«, »Fernrohr«, »Schaufel« usw. verwendet werden.

3. Das Stück wird zweimal hintereinander durchgespielt. Dazwischen reflektieren wir gemeinsam, was wir gehört und wie wir es umgesetzt haben.

Abschluss
Anschließend wird im Raum ein »echter« kleiner Schatz gesucht (Kästchen mit Schoko-Goldtalern, Glassteinchen u. Ä.).

Das alte Schloss

Modest Mussorgski, Bilder einer Ausstellung

Das interessante an dem Stück ist diesmal der Name, der sowohl Ausgangspunkt als auch Inhalt unserer Musikstunde sein wird.

Soziale Kompetenzen:

Selbstvertrauen
- sich trauen, eigene Wahrnehmungen und Assoziationen mitzuteilen
- das eigene »Kunstwerk« neben denen der anderen ausstellen
- Bewegungsformen vorschlagen

Das Stück wird an zwei Tagen erarbeitet.

79

Material und Vorbereitung
– Musik und Abspielgerät
– Mal-Utensilien
– evtl. Klebstoff, Schere und Deko-Material
– Rhythmiktücher

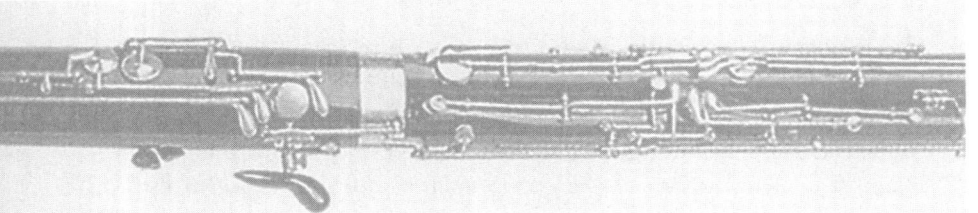

1. Tag

1. Die Spielleiterin erzählt den Kindern kurz, wie die Musik entstanden ist:

»Vor langer Zeit ging der Komponist Modest Mussorgski durch eine Bilderausstellung in einem Museum und hat sich jedes Bild sehr lange angeschaut. Die Bilder haben ihm so gut gefallen, dass er zu Hause zu jedem eine Musik komponiert hat. Ihm gefiel die Idee, dass so jeder die Bilder nicht nur anschauen, sondern auch hören konnte. So ist eine ganz besondere Musik entstanden, für die Mussorgski viel Applaus bekam. Die Musik können wir uns heute auch noch anhören, aber leider gibt es viele der Bilder nicht mehr, denn sie sind in dem Museum verbrannt. Eines der Bilder heißt ›Das alte Schloss‹ — die Musik dazu wollen wir uns gleich anhören. Wie mag dieses Bild wohl ausgesehen haben? Uns geht es heute ähnlich wie Mussorgski: Er hatte die Bilder und komponierte eine Musik dazu. Und wir haben heute seine Musik, aber uns fehlen die Bilder — und was machen wir jetzt? Na, klar! Wir malen das Bild vom alten Schloss selbst — jeder so, wie er sich es vorstellt.«

2. Zunächst hören wir gemeinsam die Musik. Die Kinder können es sich dabei im Liegen oder Sitzen bequem machen. Wenn möglich, sollten sie ihre Augen schließen, damit sie sich das Schloss wirklich vorstellen können. Natürlich soll der Mund auch geschlossen bleiben.

3. Nachdem wir das Stück einmal gehört haben, bekommen die Kinder Papier und Farben, eventuell auch Klebstoff, Schere und Dekorationsmaterial. Jedes malt und gestaltet nun auf ein eigenes Blatt »sein« Schloss. Dazu wird die Musik gespielt, wenn nötig mehrmals, da die wenigsten das Bild wohl in fünf Minuten fertig haben.

4. Zum Abschluss der ersten Einheit betrachten wir gemeinsam die Bilder und jedes Kind kann, wenn es möchte, zu seinem etwas erzählen.

1. Tag

1. Zu Beginn der zweiten Einheit hängen wir gemeinsam unsere Bilder vom alten Schloss auf und gehen an ihnen vorbei wie bei einer Ausstellung. Jedes einzelne Bild wird noch mal gewürdigt und bewundert. Dabei ist im Hintergrund das Musikstück zu hören.

2. Die Spielleiterin gibt nun einen neuen Impuls:

»Jetzt wollen wir uns etwas Neues zur Musik ausdenken, etwas das Mussorgsky nicht gemacht hat. Er hatte das Bild und die Musik — er hatte jedoch keine Bewegung dazu. Wir aber schon, oder? Wir können uns doch bestimmt vorstellen, wer in dem alten Schloss alles gelebt hat und wie sich seine Bewohner bewegt haben!«

Gemeinsam tragen wir Ideen zusammen und setzen danach die Personen und Geschichten zur Musik in Bewegung um. Da gab es zum Beispiel die vielen Prinzessinnen in dem Schloss, die wunderschön tanzen konnten. Aber vielleicht auch Edelmänner, die um ihre Damen kämpfen mussten. Gab es in dem alten Schloss auch Pferde? Oder vielleicht war da sogar ein Schlossgespenst, das zur Geisterstunde herumspukte – Huu-huu! Alle diese Ideen sollten sich möglichst in die Musik einfügen und gemeinsam mit ihr getanzt bzw. gespielt werden. Zur Unterstützung der Bewegungen können Tücher verwendet werden.

Abschluss

Zum Abschluss der zwei Einheiten zeigen wir den Eltern die Bilder in unserer Ausstellung und vielleicht auch unsere Bewegungen.

Der Blumenwalzer

Peter Tschaikowsky, Nussknacker-Suite

Der Titel dieses beschwingten Walzer-Stücks erweckt in uns die Vorstellung wunderschön klingender Blumen, wenn wir die Musik hören. Der Dreiviertel-Takt lädt uns zum Bewegen ein.

Soziale Kompetenzen:

Selbstbewusstsein
- den anderen seine Eindrücke und Gefühle mitteilen und gestalten

Nonverbale Kommunikation
- mit den Instrumenten
- mit Farbe und Pinsel

Beim Blumenwalzer darf es ruhig etwas poetisch werden, daher eignet sich der auf der rechten Seite zitierte Text von Hans Christian Andersen sehr gut als Ergänzung zur Musik. Es handelt sich um eine Passage aus Andersens Märchen »Der Rosenelf«, die beschreibt, wie es im Innern einer Rose aussieht. Sie dient uns als Grundlage für das rhythmisch-musikalische Gestalten.

Bei der Auswahl der Kinder zu dieser Einheit bedarf es eines hohen Einfühlungsvermögens der Spielleiterin. Sicher werden diejenigen, die ohnehin gerne Zartrosa tragen und Prinzessinnen spielen, hier besonders begeistert sein – andererseits ist diese Aktion aber vielleicht gerade für die rauen, teilweise unkonzentrierten Kinder wichtig, denn sie werden zur Ruhe gerufen und können eine andere Seite von sich kennenlernen.

Das Blumenwalzer-Projekt erstreckt sich über drei Tage. Diese müssen nicht unbedingt direkt aufeinanderfolgen, sollten aber auch nicht zu weit auseinanderliegen.

Material und Vorbereitung
- Musik und Abspielgerät
- verschiedene »Metallklinger«, wie Glockenspiel, Triangel, Fingerzymbeln, Metallophon, Glöckchen usw.
- Rhythmiktücher in verschiedenen Farben
- großformatiges Papier
- dicke Pinsel oder Schwämme
- Wasser- oder Fingerfarben

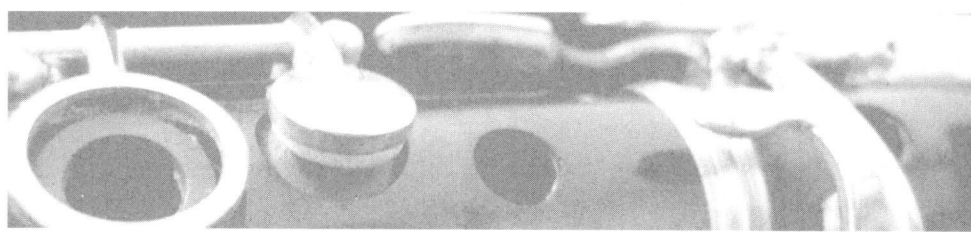

1. Tag
1. Die Spielleiterin liest den Textauszug aus Andersens »Rosenelf« vor:

> »Mitten in einem Garten wuchs ein Rosenstock, der war ganz voller Rosen; und in einer von ihnen, der schönsten von allen, wohnte ein Elf. Der war so winzig klein, dass kein menschliches Auge ihn erblicken konnte. Hinter jedem Blatt in der Rose hatte er eine Schlafkammer. Er war so wohlgebildet und schön, wie nur ein Kind sein kann, und hatte Flügel von den Schultern hinunter bis zu den Füßen. Oh, welcher Duft war in seinen Zimmern und wie schön und klar waren die Wände; es waren ja die blassroten Rosenblätter.«

2. Die Spielleiterin stellt den Kindern Fragen zu dem Text:
   - Wie sahen die Rosen wohl aus, in denen der Elf gelebt hat?
   - Wie sah er selber aus?
   - Wie waren seine Zimmer?

3. Mit »Metallklingern« gestalten wir das Gedicht. Wir spielen die Rosen, den wachsenden Rosenstrauch, die einzelnen Blätter der Rose. Die Spielleiterin stellt dazu Fragen (z. B.: Klingt das eher schnell und laut

oder leise und zart? Wie hört es sich an, wenn mehrere Rosen auf einmal erblühen? Klingt es dann wilder?)

4. Wir hören den »Blumenwalzer« und bewegen uns dazu im Raum. Dabei stellen wir uns vor, wir wären der kleine Elf in seinem Rosenstrauch.

2. Tag

1. Wir hören die Musik im Sitzen und überlegen dabei gemeinsam, an welchen Stellen in der Musik wir die Blumen hören, die da wachsen.

2. Nun wählen wir Instrumente aus, die für die verschiedenen Blumen passend erscheinen. Auch hier bieten sich Glockenspiel, Glöckchen, Xylophone, Triangeln usw. an.

3. Jedes Kind entscheidet sich für eine »Blume« (Instrument) und legt sie auf ein farbiges Tuch in den Raum.

4. Dann tanzen wir zum Blumenwalzer durch den Raum. Immer wenn wir meinen, wir hören unsere Blumen klingen, setzen wir uns neben unser Instrument und lassen es erklingen. Wer möchte, darf auch die ganze Zeit neben seinem Instrument sitzen und zur Musik spielen.

5. Zum Abschluss der Einheit spielen wir ein Spiel mit den Instrumenten: Die Kinder sitzen im Kreis zusammen, jeder hat sein Blumeninstrument vor sich. Ohne Ansage darf ein Kind beginnen, auf seinem Instrument zu spielen. Drei weitere Kinder dürfen in die Musik einsteigen, so dass sich die Töne einfügen und zusammenpassen. Wenn vier Kinder spielen, hat sich ein Blumenstrauß ergeben. Nacheinander hören die Kinder wieder auf zu spielen. Ein neues Kind beginnt, einen musikalischen Blumenstrauß zu gestalten.

3. Tag

1. Wir malen zur Musik. Auf großformatigem Papier, mit dicken Pinseln oder Schwämmen tupfen, pinseln und streichen wir in bunten Farben die Blumenwiese. Dazu hören wir die Musik – wahrscheinlich werden mehrere Durchgänge benötigt.

2. Eine wichtige Regel beim Malen zur Musik ist:
   Wir reden nicht beim Hören, wir malen nur.
   Nach dem Malen können wir uns über unser Bild und unsere Eindrücke unterhalten.

3. Zum Abschluss bringen wir noch einmal Bewegung ins Spiel: Wir tanzen mit Rhythmiktüchern zur Musik.

Also sprach Zarathustra

Richard Strauß, Also sprach Zarathustra, Op. 30–1 (Einleitung)

Richard Strauss hat für sein Werk, das gleichnamige Buch von Nietzsche als Vorlage gewählt. Wir hören die Einleitung, weil deren Dynamik den Zuhörer geradezu überrollt: Die Musik beginnt ganz leise und steigert sich stetig in Lautstärke und Intensität.

Soziale Kompetenzen:

Selbstvertrauen
- anderen die eigenen Assoziationen und Empfindungen mitteilen
- das Nachspielen des Stücks als persönlichen Erfolg erleben
- die Rolle des Dirigenten übernehmen

Das ganze Stück dauert nur knapp zwei Minuten, was unser Vorhaben vereinfacht. Man kann hier relativ gut erkennen, welche Instrumente gespielt werden. Dies wollen wir mit den Kindern heraushören und später das Stück mit anderen Instrumenten nachspielen.

Material und Vorbereitung
- Bildkarten anfertigen, die folgende Instrumente zeigen:
  Pauken, verschiedene Streich- und Blasinstrumente, Orgel
- zum Nachspielen verschiedene Trommeln mit Schlägeln und Xylophone

Einleitung

Die Kinder hören das Stück im Sitzen oder Liegen und bewegen ihre Arme dazu.

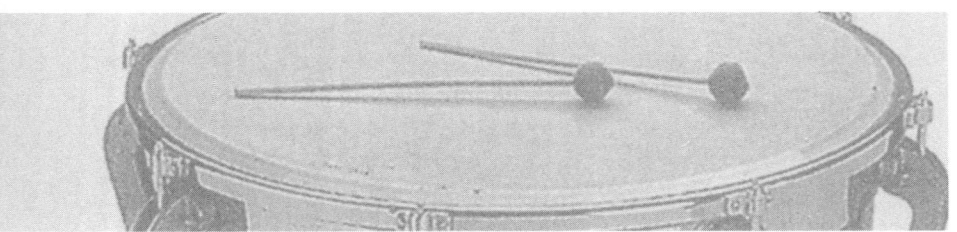

Hauptteil

• Teil A: Die Musik hören

1. Im Gespräch gehen wir folgenden Fragen nach: Was haben wir gehört? Was verbinden wir mit der Musik? Was können wir uns darunter vorstellen?

2. Wir verteilen die Bildkarten mit den Instrumenten in der Kreismitte und sprechen darüber, wie die Instrumente heißen, wer sie schon einmal gehört hat usw.

3. Noch einmal hören wir das Stück, diesmal mit einem konkreten Hörauftrag: Höre ich die Instrumente, die in der Mitte liegen?

4. Beim weiteren Hören ordnen wir gemeinsam die Instrumente dem Gehörten zu (die entsprechenden Bildkarten aufnehmen).

5. Nun probieren wir aus, welche der Instrumente, die wir zur Verfügung haben, ebenfalls zu dem Stück passen könnten und ordnen sie den Instrumenten auf den Karten zu.

• Teil B: Spiele und Experimente als Orchester

1. Wir begleiten das Stück mit den von uns ausgesuchten Instrumenten.

2. Wir versuchen, die Dynamik des Stückes mit den Instrumenten darzustellen und spielen das Ganze nach (ohne dabei das Original zu hören).

3. Einige Kinder musizieren, die anderen bewegen sich dazu.

4. Ein Kind spielt den Dirigenten und gibt die Einsätze.

5. Wir malen die Abfolge der Instrumente auf, damit wir uns an der Partitur orientieren können.

Abschluss
Wir erstellen gemeinsam eine Collage: Die Bildkarten mit den Instrumenten werden auf eine große Pappe geklebt, dazu unsere Partitur, vielleicht noch Fotos der Kinder als Musiker, ein Bild des Komponisten, ...

Nachwort

In diesem Buch wurden hoffentlich die vielen Möglichkeiten der Rhythmik deutlich – und auch die Freude und Begeisterung, die sie mir in der Praxis mit den Kindern beschert hat.

Nicht immer verlaufen Rhythmikstunden nach Plan – manchmal packt man zu viel hinein und die Kinder bräuchten mehr Zeit für die Aktionen. In so einem Fall sollte man nicht stur an seinem Konzept festhalten – jede Rhythmikstunde lässt sich an einem anderen Tag fortsetzen. Die Stunden leben erst durch die Kinder und deshalb sollten wir sie die Stunden erleben und gestalten lassen. »Sternstunden« der Rhythmik hat einmal jemand solche Stunden genannt, an denen Kinder aktiv beteiligt sind. Dies ist eine treffende Beschreibung – und mit der Zeit und mit zunehmender Übung werden auch Sie immer mehr solche »Sternstunden« erleben.

Um sich der Rhythmik mit Kindern zu widmen, braucht man nicht sonderlich große musikalische Fähigkeiten. Wichtig ist vor allem die Fähigkeit, sich in die Bedürfnisse der Kinder einzufühlen und die Rhythmikstunden danach auszusuchen und aufzubauen. Auch das eigene Sich-Einlassen-Können spielt eine große Rolle:

Wer selbst aktiv an den Stunden teilnimmt, wird sehen, wie viel Spaß es macht und wie viele musikalische Fähigkeiten man an sich selbst entdecken kann.

Die Kinder werden den Rhythmikstunden entgegenfiebern, denn sie können sich selber und andere viel bewusster und intensiver erleben und sie haben unendliche Freude daran!

Ich möchte jede Kollegin ermutigen an und mit dem Thema Rhythmik zu arbeiten – es ist so lohnenswert!

Danken möchte ich:

- meinen vielen »Flotten Bienen« und »Maulwurfkindern«, die an den Stunden soviel mitgewirkt haben,

- meinen Kolleginnen, die meine verrückten Ideen meistens mittragen,

- besonders meinem Mann Jens, der mich ermutigt und bestärkt hat, meine Arbeit zu Papier zu bringen!

Allen Kollegen und Kolleginnen viel Spaß!

Anhang

Anfänge und Wegbereiter der Rhythmik

1905: Gründung des Institut »Jaques Dalcroze« in Genf. Jaques Dalcroze machte während seines Unterrichtes die Entdeckung, wie wichtig das Zusammenspiel von Musik und Bewegung ist und wollte diese Erkenntnis weitergeben.

1911: Gründung der »Schule für angewandten Rhythmus« in Hellerau bei Dresden von den Brüdern Dorn.

Zur gleichen Zeit entstanden solche Bildungsanstalten für rhythmische Erziehung in Berlin und Dresden, in Petersburg, Moskau, Prag, Frankfurt am Main, später in Breslau, Nürnberg, London und Warschau. Rhythmik wurde erstmals für den Lehrberuf unterrichtet.

1924: Carl Orff gründet die Günther Schule, die eine neue Verbindung zwischen Musik und Bewegung anstrebt. Von 1930 bis 1935 gibt er das »Musikalische Schulwerk für Kinder« heraus. Zum Orff-Schulwerk gehören die Orff-Instrumente, die heute noch grundlegendes Material in der rhythmisch-musikalischen Erziehung sind.

1926: Mimi Scheiblauer arbeitet mit behinderten Kindern und Erwachsenen im Bereich der rhythmischen Erziehung und erweitert die Idee der Rhythmik durch ein heilpädagogisches Arbeitsprinzip. Sie erkennt, dass die Grundlagen für die Entfaltung kreativer Fähigkeiten vor allem die Entwicklung der Erlebnisfähigkeit und der Phantasie sind.

Bastelanleitungen und Kopiervorlagen

● Schatzkästchen (Rhythmik mit Steinen)

Für Boden und Deckel einer Schachtel benötigt man je ein quadratisches Faltpapier. Die Seiten des Deckel-Papiers sollten ca. 1 cm länger sein als die des Boden-Papiers.

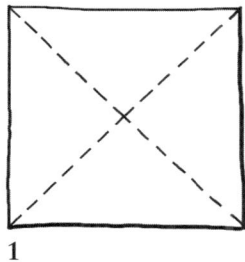

1

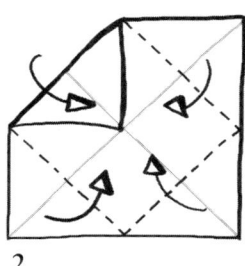

2

1. Das Papier zweimal diagonal falten.

2. Die vier Ecken zum Mittelpunkt falten, danach das Papier wieder öffnen.

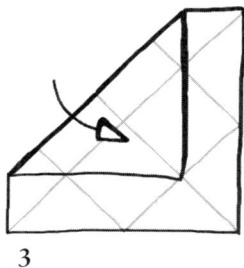

3

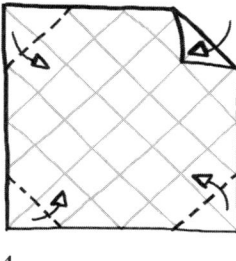

4

3. Jede Ecke auf die Mitte der entstandenen Linie unter der gegenüberliegenden Ecke falten.

4. Am Schluss die Ecken auf die zuletzt entstandenen Linien einschlagen und wieder öffnen.

91

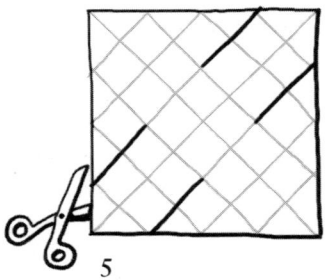

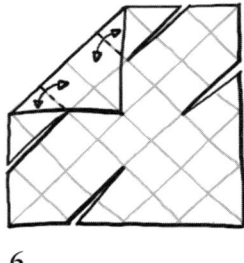

5. Das Papier mit vier Linien (siehe Abb.) markieren, entlang der Markierung einschneiden.

6. Das Papier wie auf der Abbildung hinlegen. Die linke obere Ecke in die Mitte falten, danach alle Falzlinien dieses Seitenteils noch einmal nachziehen. Nun die erste Seitenwand hochklappen (siehe Abb. 7)

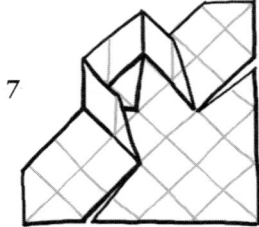

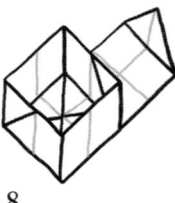

7. Auf der gegenüberliegenden Seite Schritt 6 wiederholen.

8. Am Schluss die beiden übrigen Eckstreifen über die losen Seitenteile schlagen und auf den Schachtelboden falzen.

• Walnussmäuschen (Rhythmik mit Walnüssen)

Für eine Maus benötigt man eine halbe Walnussschale, etwas Tonpapier oder Leder in Grau oder Braun, einen schwarzen Filzstift, eine kleine Holzperle und ein Stück Wolle (4–6 cm), außerdem eine Schere und Heißkleber.

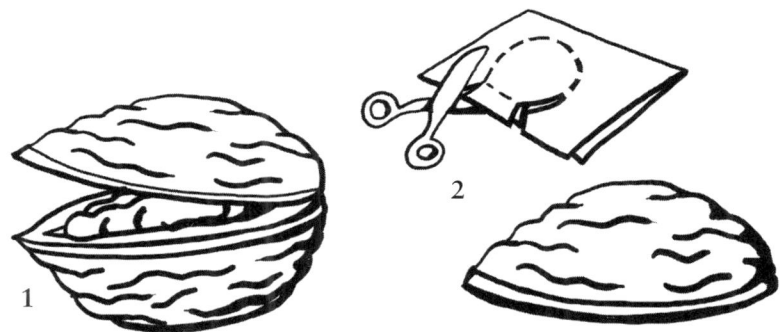

1. Eine Walnuss vorsichtig halbieren, so dass beide Schalenhälften ganz bleiben.

2. Aus Tonpapier oder Leder zwei Mauseohren ausschneiden und mit Heißkleber befestigen.

3. Mit Filzstift Augen und Schnurrbarthaare aufmalen. Eine Perle als Nase und Wolle als Schwanz ankleben.

● Blättermaske (Spaziergang im Herbstwald)

Für die Masken benötigen wir braunen Fotokarton, gepresste Herbstblätter, Bastelkleber, eine spitze Schere und etwas Gummifaden.

Die Vorlage auf Fotokarton übertragen und ausschneiden. Mit gepressten Blättern bekleben. Mit der Scherenspitze zwei Löcher bohren und den Gummifaden anbringen.

Literatur / Quellen / Links

Verwendete und weiterführende Literatur:

Bastian, Hans-Günther: Kinder optimal fördern – mit Musik, Schott Musik International: Mainz, 2001

Hirler, Sabine: Wahrnehmungsförderung durch Rhythmik und Musik, Herder: Freiburg, 2007

Hirler, Sabine: Mit Rhythmik durch die Jahreszeiten, Herder: Freiburg, 2008

Peter-Führe, Susanne: Rhythmik für alle Sinne, Herder: Freiburg, 10. Aufl. 2001

Witoszynski / Schindler / Schneider: Erziehung durch Musik und Bewegung, öbvhpt: Wien, 1989

Bilderbücher:

Gerritsen, Paula: Maus, pass auf!, Atlantis Orell Füssli: Zürich, 2. Aufl. 2007

Lionni, Leo: Swimmy, Beltz: Weinheim, 6. Aufl. 2008

Lobe, Mira: Das kleine Ich bin Ich, Jungbrunnen: Wien, 32. Aufl. 1992

Pfister, Marcus: Mats und die Wundersteine, Nord-Süd: Zürich, 1997

Internet:

- Das Lied »Wir Fröschelein« (Rhythmikgeschichte »Froschpalaver«) finden Sie im Internet unter:
  http://www.kindergarten-workshop.de/stuhlkreisspiele/froeschelein.htm

- Das Lied »Die Maus auf Weltraumreise« von Volker Rosin finden Sie in seinem Buch
  »Turnen macht Spaß. Das Liederbuch zur CD«(Moon-Records, 2003) oder als Download unter:
  http://musikdownloads.alice.aol.de/alice/song/view.do?id=109932

- Die vollständige Fassung des Märchens »Der Rosenelf« von Hans Christian Andersen (Blumenwalzer) können Sie z.B. im Internet nachlesen, unter:
  http://www.andersenstories.com/de/andersen_maerchen/der_rosenelf

- Das Gedicht »Das große, kecke Zeitungsblatt« von J. Guggenmos finden Sie z. B. unter:
  www.gs-ostenfelde.de/josefguggenmos.htm

Bildnachweis:
S. 25 – Simone Pfeffer, Hallstadt
S. 46 – Hartmut W. Schmidt, Freiburg
S. 27, 29, 33, 35, 37, 39, 41, 49, 51,
53, 55, 58, 61, 64, 65, 67, 69, 72, 75,
77, 83 – www.photocase.de
S. 44, 74, 80, 86 – privat

Die im Buch abgedruckten Lieder und Texte stammen – soweit nicht anders angegeben – von der Autorin.